歴史文化ライブラリー
472

刀の明治維新

「帯刀」は武士の特権か?

尾脇秀和

吉川弘文館

目　次

帯刀とはなにか――プロローグ

江戸時代には武士がいた。武士は必ず「帯刀《たいとう》」していた。しかし明治九年（一八七六）の、いわゆる廃刀令《はいとうれい》によって、彼らは刀を差せなくなった――。

帯刀した時代

廃刀令は、旧武士身分であった士族から、「帯刀」という「特権」を奪った出来事とされてきた。「明治維新」により、武士の時代が終わった――。そんな、「文明開化」の「お話」を語るうえで、「帯刀」の禁止は、重要なエピソードとして、よく知られている。

しかし、「帯刀」とは、そもそも、どういう意味だろうか。現在、日本で最も詳細な国語辞典である『日本国語大辞典』（第二版）は、「帯刀」を次のように説明している。

刀を帯びること。また、その帯びている刀。江戸時代では大小刀を帯びることを称し、武士の特権とされ、武士と庶民とをわかつ重要な基準とされた。

一般的な「帯刀」についての理解は、およそこの通りであろう。「帯刀」は武士の特権であった。それが現代の〝常識〟である。しかし、実際の「帯刀」は、そんなに単純なものではなかったのである。

武士のイメージ

図1をみてほしい。これは現代人がイメージする、「江戸時代の武士」の姿そのものだといってよかろう。彼らを武士だと認識するのは、「刀を差しているから」である。

図2はどうか。彼らも刀を差している。しかし、これを武士だと思う人は少ない。百姓も町人も、旅には脇差《わきざし》という短い刀を帯びた。だからこれは、旅の町人ないし百姓の姿だと認識される。「二本差していないと、武士じゃない」。これもよく知られた話であろう。

では、図3はどうだろうか。先頭の男は、二本差している。但し素襖《すおう》という古めかしい装束で、一般的な「武士」のイメージからは、ちょっと遠い。後を歩く男たちは裃《かみしも》姿で、服装だけなら、一般的な武士のイメージに近い。けれども腰には、一本しか差していない。「ここに武士はいますか?」と訊《き》いてみると、やや意見が割れてくる。

3　帯刀とはなにか

羽織・帯刀　　羽織袴・帯刀　　裃・帯刀

図1　帯刀した姿　左から，寛政10年（1798）刊『摂津名所図会』，天明6年(1786)年刊『都名所図会』，初代歌川広重画「東都大伝馬街繁栄之図」（すべて国立国会図書館所蔵）より

図2　旅の男たち　寛政10年（1798）刊『摂津名所図会』（国立国会図書館所蔵）より
「荷物を茶店に忘れていたぞ」といった場面だろう．

図3　文化3年（1806）刊『東海道中膝栗毛　五編追加』の挿画

図4　寛文6年（1666）刊『伽婢子』（早稲田大学図書館所蔵）の挿画

図3の人物は、全員、武士ではない。先頭の男は、伊勢神宮への参拝を案内する御師《おんし》という職業の人物で、身分は百姓である。後ろの男たちは、御師の案内で伊勢神宮に参拝する、正装して脇差を帯びた百姓ないし町人たちである。ちなみに裃は、今でこそ武士の服装という印象だが、当時は武士に限らず、百姓・町人一般まで着用した礼服であった。

図4はどうか。着物を尻からげにして、腰に二本差している。〝常識〟でいえば、間違いなく武士、ということになる。しかしこれも、武士ではない。武佐宿《むさじゅく》で旅籠《はたご》を営む、

小弥太《こやた》という百姓の姿である。十七世紀半ばになっても、百姓・町人は、平気で二本、差していた。

「帯刀」＝《イコール》武士という〝常識〟の怪しさが、段々とみえてこよう。最初の図1にしても、実はこの外見だけで、武士身分だとは断言できない。江戸時代には、こんな「帯刀」した姿で歩く、武士以外の人間が、かなり存在していたためである。

帯刀へのまなざし

では、誰が「帯刀」していたのか。「特別に苗字帯刀を許された百姓・町人がいた」という、断片的な情報も、一般に知られている。しかしそれは、どう「特別」なら、「帯刀」できたのだろうか。百姓・町人が苗字帯刀御免になったら、それは武士になった、ということではないのか。百姓・町人も脇差は差せる。しかし脇差だって「刀」だから、辞書の意味では「帯刀」になるのではないのか――。

〝常識〟と齟齬《そご》する状況の前に、疑問は次々に湧いてくる。それは、江戸時代の「帯刀」が、いかに正確に理解されていないかの裏返しでもある。現状の一般的な「帯刀」理解は、「帯刀」＝武士、武士の特権、という、妙に強固な〝常識〟に、〝但し例外もある〟という、曖昧な但し書きが、くっついているに過ぎないのである。

今日《こんにち》の「帯刀」に関する〝常識〟は、明治以降に形成されたものである。実は廃刀令までに、江戸時代の「帯刀」には、大きな認識の変化が起こっている。その時、「帯刀」という言葉そのものの意味さえ、全く別なものに摺《す》り替えられてしまった。廃刀令によって消されたのは、実は江戸時代の「帯刀」ではなく、この摺り替えられた意味での「帯刀」なのである。ここに、江戸時代の「帯刀」を誤解・混乱させてきた、最大の原因がある。

「明治維新」の結果、「帯刀」に何が起こったか。江戸時代とは、誰が、何のために、「帯刀」した時代だったのか。「帯刀」に向けられる人々のまなざしは、どのように変わっていったのか——。それらを正確に理解したとき、「帯刀」が消えた、「刀の明治維新」の、本当の意味が見えてくる。

本書は、江戸時代から明治初年までの「帯刀」について、その変遷の歴史を追う。特に武士以外の「帯刀」に着目することで、江戸時代の「帯刀」の、本当の意味に迫りたい。

帯刀の誕生と変質

武器・ファッション・身分標識

刀・脇差を帯びること

帯刀の前史

江戸時代、刀《かたな》・脇差《わきざし》の組み合わせを「大小《だいしょう》」と称し、この二本を腰に帯びることを「帯刀《たいとう》」と呼んだ。江戸時代の武士は、公私において必ず帯刀したから、武士の代名詞として、「二本差し」という言葉も生まれたのである。

しかしこの意味での「帯刀」の歴史は、実はそれほど古くない。江戸時代中期の故実家《こじつか》である伊勢貞丈《いせさだたけ》が、「大小をさす事は、信長・秀吉の比《ころ》、戦国の時より以来の風俗なり。それより以前にはこの事なし」（『貞丈雑記《ていじょうざつき》』）と、考証に基づいて断言したように、戦国時代末期以降の風俗であることは、江戸時代の識者の間でも、よく知られた事実であった。今日《こんにち》、武士の姿として連想される「帯刀」、つまり平時の服装に、刀・脇差両方を帯びる

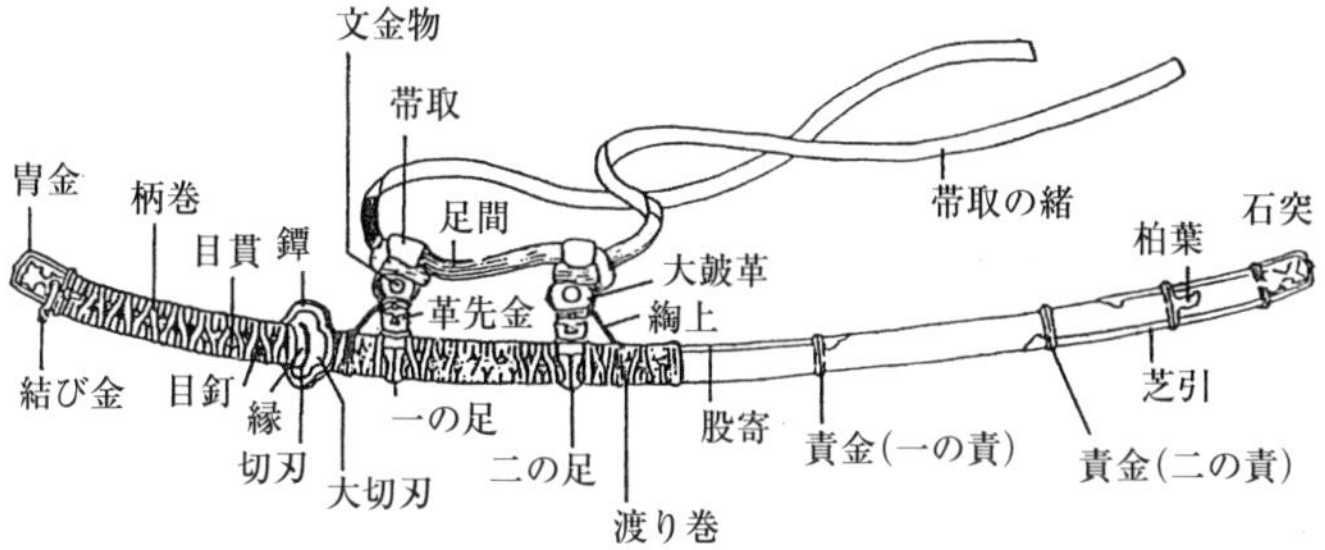

図5　太刀（糸巻の太刀）『国史大辞典』第13巻より（鈴木敬三作成）

「帯刀」の風俗が一般化するのは、十六世紀末から十七世紀初頭にかけてである。まずはそこから、みていかねばなるまい。

弓取りの太刀と腰刀

いわゆる武士が活躍するようになった平安時代末期には、代表的な刀剣として、太刀《たち》や腰刀《こしがたな》などがあった。太刀は刃渡り二尺数寸（約八〇数センチ）程度を通常とし、鎬《しのぎ》造りといわれる、一寸（約三センチ）程度の反《そ》りのある彎刀《わんとう》である（図5）。鞘《さや》には佩用するための部品が取り付けられており、これに帯取《おびとり》の緒《お》を通して、左腰に巻くことで装着した。太刀は、本来の意味での「佩《は》く」、つまり腰に提《さ》げる、吊《つ》り下げるものであるから、帯に差すことはない。この佩用装置の構造上、刃は下を向く。一方、腰刀は、一尺（約三〇センチ）前後の、平《ひら》造りといわれる、全く反りのない短刀である（図6）。形状は、後世の合口《あいくち》などに近く、鍔《つば》は用いない。腰刀は刃を上向けにして、帯に差し込むことで装着する。もともと脇差とは、この腰刀のことをいったのである。

中世の武士は、甲冑に、この太刀と腰刀とを装備した（図7）。この装備を、後世の「帯刀」の原型と言えなくもない。しかし中世の合戦は、馬に乗り、弓矢を主力としたため、騎馬・弓矢こそが、中世武士のシンボルであった。故に武士を「弓取り」といい、武士たる者の道を「弓馬の道」等と呼んだ。太刀と腰刀を「二本」セットとみて特別視し、それを武士の代名詞とする文化は、中世には存在しなかった。

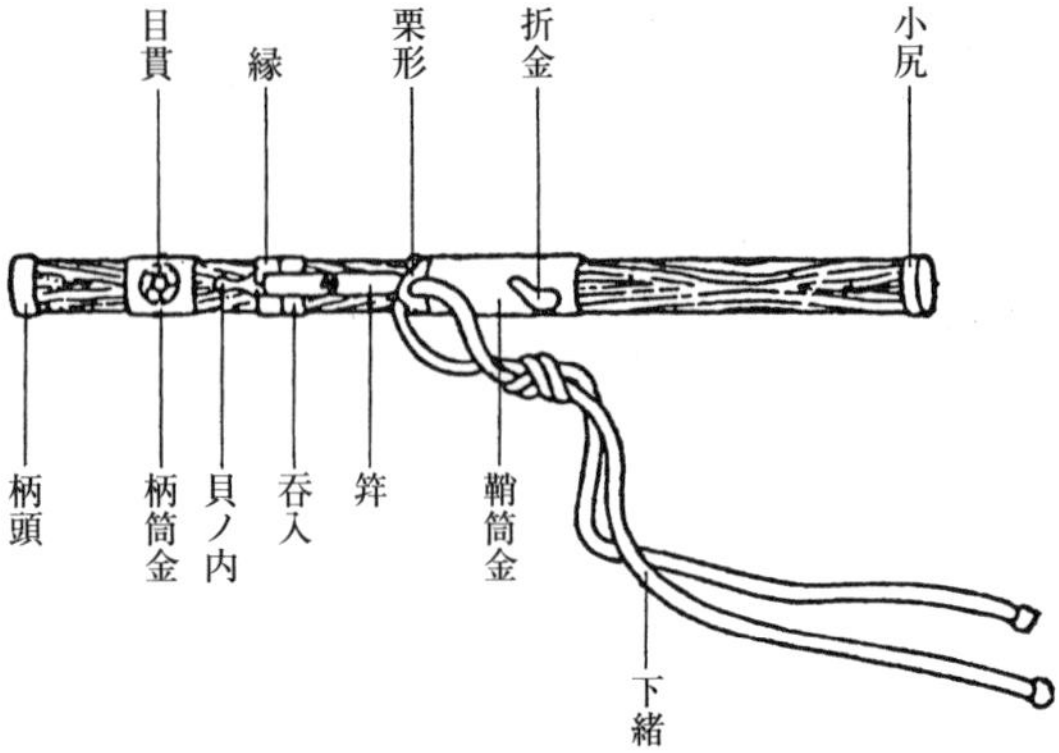

図6　腰刀『国史大辞典』第5巻より（鈴木敬三作成）

また、武士の普段着であった直垂《ひたたれ》姿の時は、あくまで腰刀だけを帯びた。太刀は自ら手に提げて持つか、従者に持たせるのが基本であった。直垂姿で太刀を佩くこともあるが、それは貴顕の警固に供奉《ぐぶ》する際などに限られた。また朝廷儀式の武官装束などでも太刀を

図7　中世武士の武装（大鎧）　鈴木敬三『有識故実図典』より

佩くが（腰刀は帯びない）、儀式の装束は、本書で扱う「帯刀」と、最後まで関係しない。

打刀の隆盛

鎌倉時代末期以降、合戦の形態が、次第に歩兵を中心とした集団戦・白兵戦へと変化していった。それにともない、打物《うちもの》（打ち合って戦うための武器）の重要性が上昇し、打刀《うちがたな》の制作が増加していった。これはその名の通り、打物としての使用を目的とした刀剣である。現在「日本刀」と呼んでいるものは、通常この打刀のことを指す。

打刀は、太刀に比べて反りが小さい傾向もあるが、刀身の構造自体は太刀と同じで、鎬造りの彎刀である。ただし打刀の外装には、太刀のように佩くための部品が付属していな

庶民．打刀の脇差のみ．

武士と従者．従者が刀を手に持っている．

甲冑を着て武装した姿．打刀の脇差に，太刀ないし打刀を，刃を下にして佩いている．

図8　16世紀前期の「洛中洛外図屏風」(歴博甲本，国立歴史民俗博物館所蔵) より

いため、佩くことはできない。太刀と打刀の最大の違いは、この外装にある。これは当初、打刀が一尺数寸程度の短い刀で、腰刀の代わりに脇差として、帯に差すためのものであったことによる。

しかし室町時代後期頃から次第に長大化し、やがて鍔をつけた鍔刀《つばかたな》の形式のものも作られるようになった。十六世紀前期の「洛中洛外図屏風」（歴博甲本）をみると、ほとんど全ての人々が、打刀一本を差した姿で描かれている（図8）。その大きさと形状からは、打刀を脇差として、普段差していたことが知れる。しかし普段の服装に、打刀二本を帯びる者は、まだみえない。二本を装備するのは、甲冑を着た武装時のみにみられ、長い打刀ないし太刀は、やはり従者に持たせる姿で描かれている。

佩帯方法の過渡期

さらに、大型の打刀を「刀」と呼び、太刀の代用として使用することが、徐々にみられるようになる。室町時代後期の剣客である塚原卜伝《ぼくでん》の『卜伝百首』にみえる、「今の世は太刀はすたる（廃る）といひながら刀もおなじ心なるべし」という歌も、太刀から刀への変化を物語っている。

とはいえ、刀が太刀を駆逐したのではない。両者は併行して用いられた。戦国武将の肖像画をみると、当世具足《とうせいぐそく》（戦国時代の甲冑）に太刀を装備する者と、刀を装備する者が混

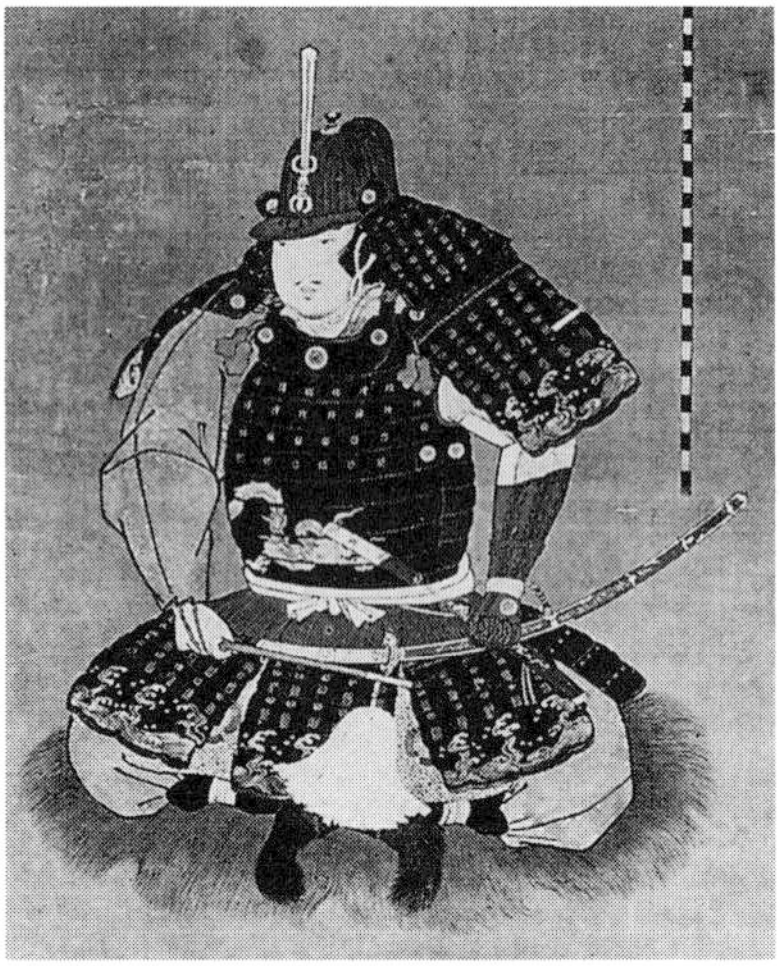

図９　榊原康政像　『国史大辞典』第６巻より
当世具足に太刀・腰刀を装備している例.

ざっている（図９）。そして刀も、あくまで太刀のように刃を下にして装備するのを常とした。しかし打刀の外装には、佩用装置が付いていないため、腰当《こしあて》とよばれる革製品が発明され、これを装着して佩くことも行われた。この腰当なる道具は、戦国末期に登場した「近世の新作」（『貞丈雑記』）といわれ、十六世紀末のものであるらしい。

具足の着用方法を解説した『単《たん》騎《き》要略《ようりやく》被《ひ》甲弁《こうべん》』（享保二十年〈一七三五〉刊）には、様々な腰当が紹介されている（図10・11）。また腰当を使わず、具足の上帯《うわおび》に、直接太刀のように、刃を下向きにして帯びる方法（「帯搦《おびがらみ》」）もあった（図12）。さらには脇差ないし両刀を襯衣《しんい》（下着）の帯に差し込み、具足の脛盾《はいだて》（腰の前後左右に垂らし、股や膝を覆う部分）の間から、刀の柄《つか》を出して装着する方法も可と解説している。この方法は、主に雑《ぞう》兵《ひょう》たちが行っていたらしい。雑兵たちの会話形式をとって戦陣での心得を述べた『雑兵

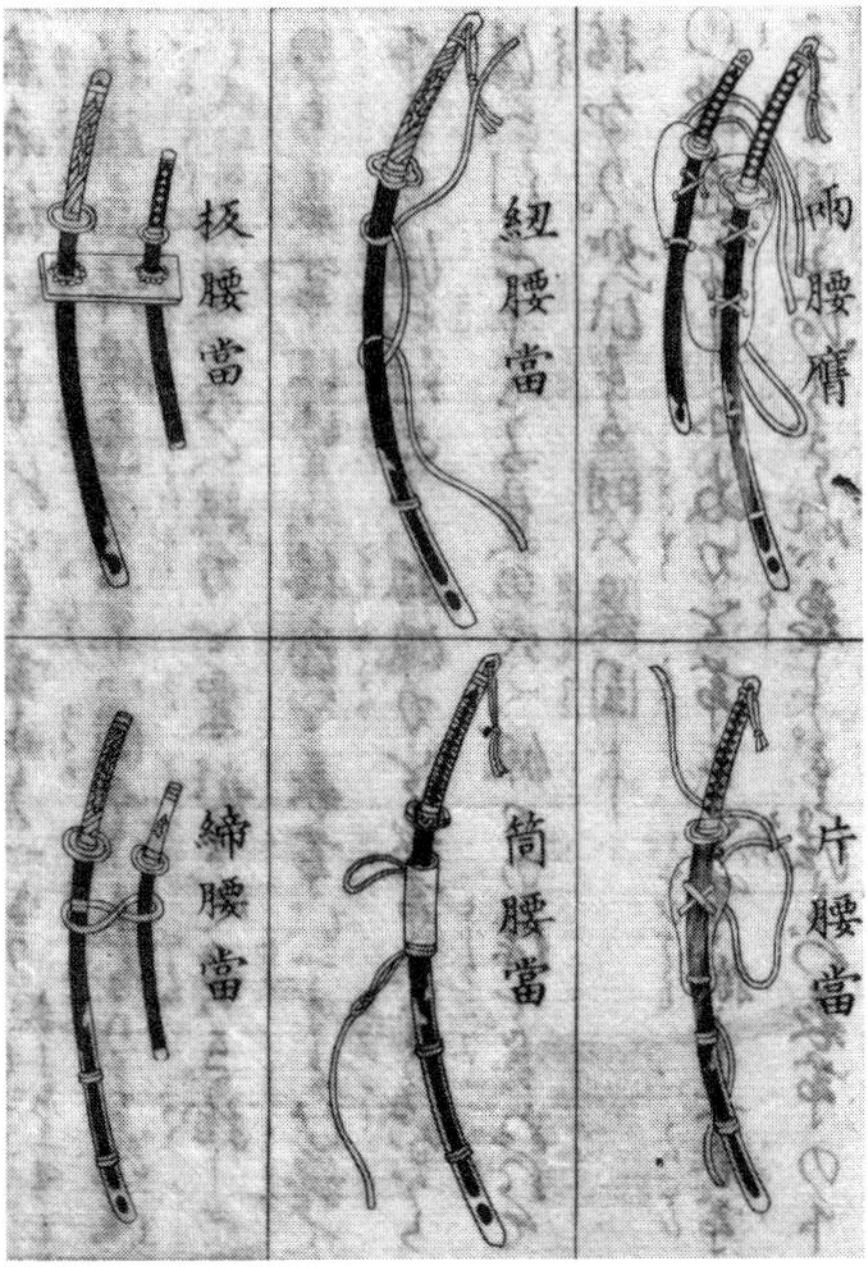

図10　腰当の種類　『単騎要略被甲弁』（国文学研究資料館所蔵）より

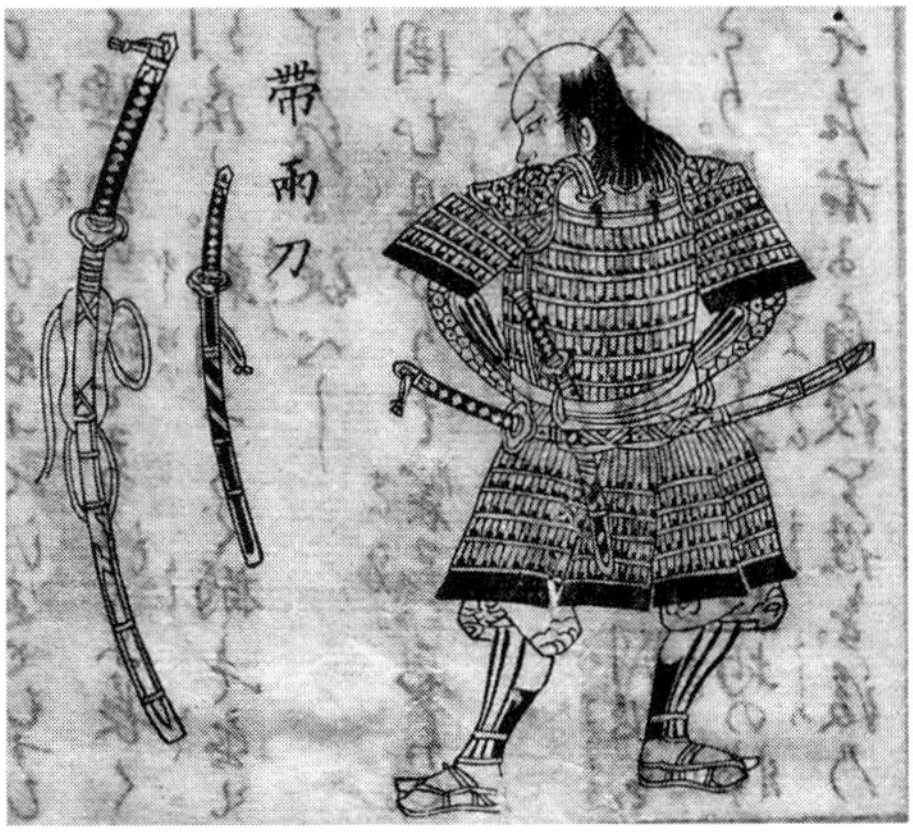

図11　腰当を使用した着用図　『単騎要略被甲弁』（国文学研究資料館所蔵）より
図は片腰当。瓢箪型で、一般的な腰当であったとみられる。腰当の紐を腰に巻き付けて固定する。脇差は上帯に差しこんでいる。

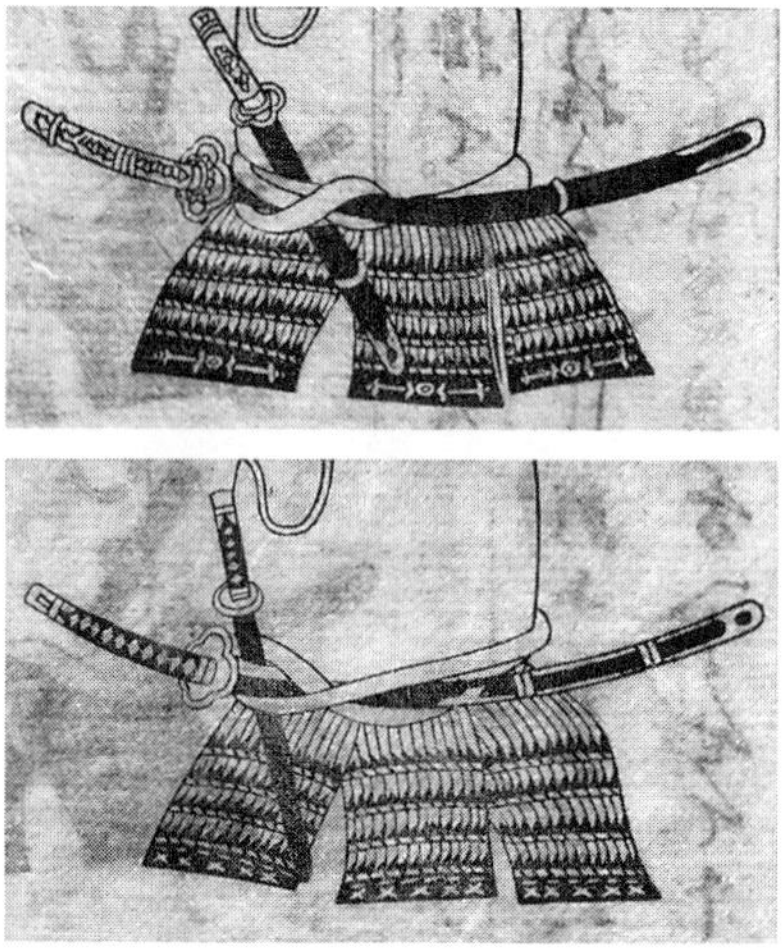

図12　帯搦　『単騎要略被甲弁』（国文学研究資料館所蔵）より
下段は「異法」（もう一つの例）として挙げられたもの.

物語』（天和三年〈一六八三〉頃成立）では、「お歴々の侍衆」は具足の上帯に刀・脇差を差すが、それは腰当があるから可能なことであるという。そして腰当のない雑兵は、下着の帯に差してから具足を着用するのだと、その方法を説明している。刀・脇差を一緒の帯に差し込む風俗は、戦国時代、こうした雑兵や下級の武士たちから、発生したものとも考えられる。

慶長九年（一六〇四）の豊国社の祭礼を描いた「豊国祭礼図屏風」（同年ごろの制作）をみると、後にはみられないような、太刀のように刃を下向きにして、帯に差した姿が多くみえる（図13）。それは具足を脱ぎ去った雑兵たちの姿に、祖型があるのかもしれない。十七世紀前期の「洛中洛外図屏風」（舟木本）になると、普段着に刀・脇差の二本を差した姿が、かなり多く描かれており、打刀二本を差す風俗の一般化が確認できるようになる

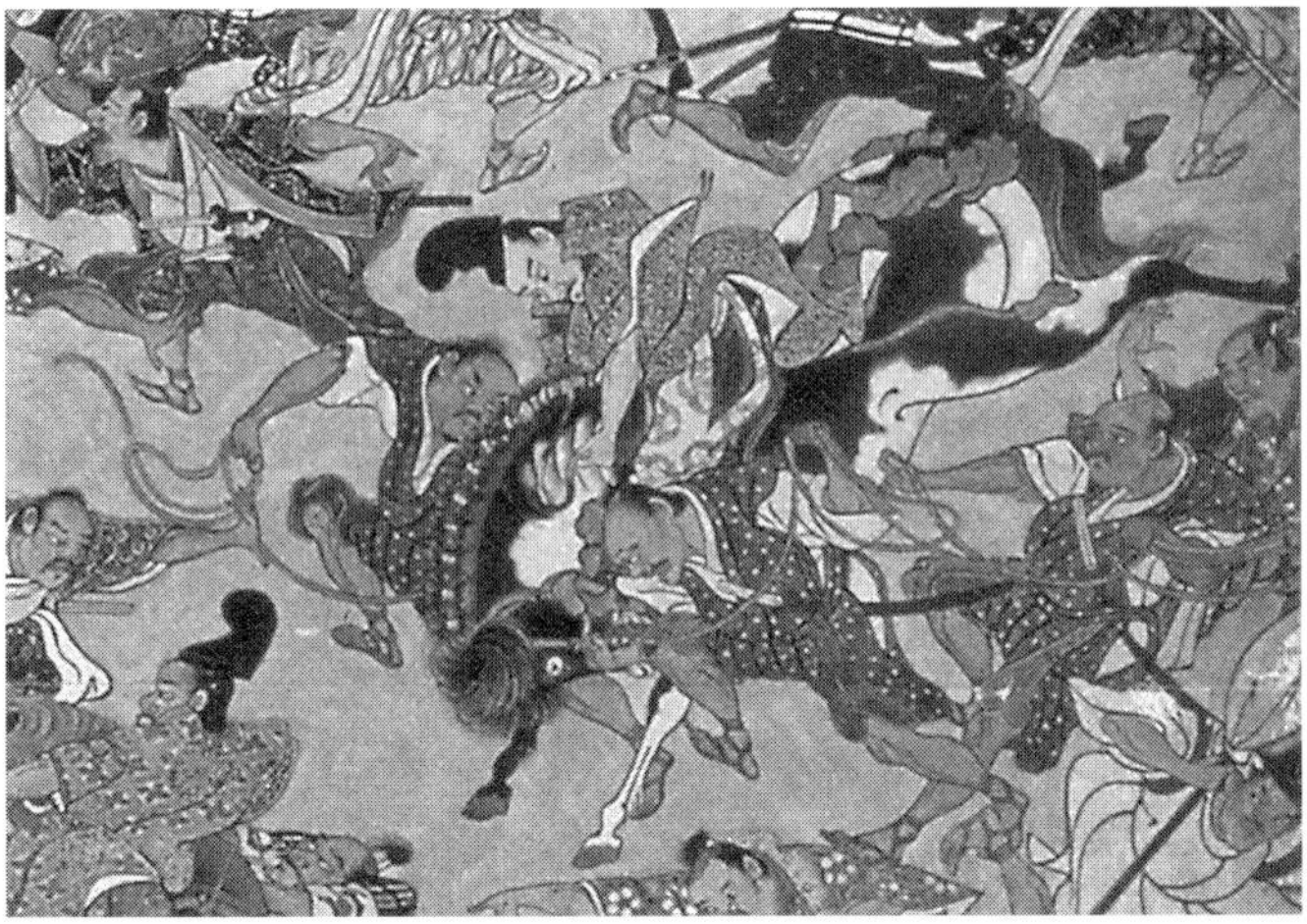

図13　岩佐又兵衛「豊国祭礼図屏風」（徳川美術館所蔵，© 徳川美術館イメージアーカイブ／DNPartcom）より
打刀二本を差した姿が見える一方，刃を下にした「きっぱ」（後述）で帯に差し込んだ者も多く見える．

図14　17世紀前期の「洛中洛外図屏風」（舟木本，東京国立博物館所蔵，Image: TNM Image Archives）より

（図14）。

「きつ刃」と「棒の様な刀」

大坂の陣が決着した十七世紀初頭以降、戦闘の機会がほぼ無くなっていく。この前後から、「かぶきもの」とよばれる、異様の風体をした男たちが横行しはじめた。彼らは派手な服をまとい、月代《さかやき》を深く剃り、刀・脇差も目立つために、長大で派手な朱色の鞘などを好んだ。若党や中間などの武家奉公人や牢人《ろうにん》から始まったこの風紀の乱れは、社会全体に広がりをみせ、流行していった。この風俗は、旗本奴《やっこ》・町奴とよばれる「伊達者」へ継承されていくが、幕府はこうした風俗を、社会の秩序を乱すものとして規制していく。

元和元年（一六一五）五月十五日、幕府は旗本・御家人らに対して、その武家奉公人の風紀取り締まりを厳命した。髪型や鬚《ひげ》など、禁止すべき風俗として列挙されたなかに、「大刀《おおかたな》さし候もの、事」「長わきさし指候もの、事」「朱さやさし候もの、事」もみえる。同様の風俗に対する禁令は、その後も度々繰り返されたが、三十五年後の慶安三年（一六五〇）九月十八日にも、西丸《にしのまる》の御番衆（警衛などにあたる武士など）に対して、「異様之風俗をなし、不形儀《ふぎょうぎ》之躰《のてい》いたすへからす、刀・脇差衣類以下、諸人之目ニ不懸之様《これをかけざるよう》、可相嗜之《これをあいたしなむべし》」と命じている。派手で大きな刀・脇差の流行は、なかなか改善せず、十七世紀後半になると、さらに極端な変化をみせていく。

『雑兵物語』では、十七世紀半ばから後半における、刀やその差し方について、雑兵に次のように語らせている。

> 日本国が久しく治《おさまっ》て、刀《かたな》をきつ刃《ば》にひつくりかへひてさす《引っ繰り返して差す》事がない当世《とうせい》は、鍋弦《なべつる》の様な刀はおかしい。足の踵《かかと》をたゝくとて、皆《みな》歴々の侍衆《さむらいしゅう》も中間《ちゅうげん》も、まつすぐな棒の様な刀をはさ《挟む》げる。

平和になった現在は、刀を「きつ刃」に差すことがない。そして「棒の様な刀」が流行している、という。「きつ刃」と「棒の様な刀」。今やよくわからなくなった、この二つの用語が、十七世紀における、刀の風俗の変化を物語る、重要なキーワードである。

きっぱの記憶

慶長八年（一六〇三）刊『日葡辞書《にっぽじしょ》』によると、「きっぱ」（切刃）とは、「刃、すなわち、切れる方を下向きにして腰にさした短刀、または、刀」のことで、「きっぱをさす」とは、「刃を下向きにして短刀、または、刀を腰にさす」ことをいった。刀も具足着用時には、太刀のように刃を下向きにして装着したことは、すでにみた通りである。『雑兵物語』は「きっぱ」に刀を装備する機会、つまり戦がなくなったことを、〝刃を下向きにして差さない今の時代〟と表現したのである。そしてその結

図15　きっぱにしてから抜刀　寛文2年（1662）刊『江戸名所記』（国立国会図書館所蔵）より
中央右側の人物が「きっぱ」に構えている.

果、反りのある刀が廃れ、「棒の様な刀」が流行していると述べたのである。先の「豊国祭礼図屛風」には、帯に「きっぱ」にして差す姿もみられた。それは武装時の「きっぱ」に由来した、十七世紀初頭の差し方でもあった。

なお「きっぱ」に差すことがなくなっても、抜刀《ばっとう》する時のポーズに、しばらくその名残をとどめた。寛文二年（一六六二）刊『江戸名所記』には、町奴の横暴さの描写の中に、「刀のそりをまはし、鐺《こじり》をあて、ハねめつけ（睨め）（中略）傍若無人のふるまひをいたす」云々《うんぬん》の描写がある。「刀のそりをまわす」とは、刀を抜くため、刃を下向き、つまり「きっぱ」に持ち替えて構える動作を表現する言葉である（図15）。当時の文学作品では、この動作を「そり打ち返す」「そりを返す」「きつぱをまわす」などと表現した。十七世紀半ば頃までは、かつて戦場で、具足に「きっぱ」で装備していた習慣から、鞘を握ってひねり、「きっぱ」の形に構えてから抜刀したのである。この言葉は、後に「刀に手を掛ける」意味で使用されたが、実は「きっぱ」に構えていたことに由来するのである。

「棒の様な刀」の影響

十七世紀半ば、反りのある太刀や刀は「鍋弦の様な刀」といわれ、時代遅れのおかしい」ものとみなされた。そして上級武士から中間などまで、踵に付くくらいの長い、「まっすぐな棒の様な刀」が大流行した（図16・17）。

それは何故か。どんな影響をもたらしたか。刀身そのものについていえば、従来の刀や太刀の反りを打ち直し、「棒の様な刀」に改造することが流行した。京都の豪商佐野紹益《しょうえき》は、その随筆『にぎはひ草』（天和二年〈一六八二〉刊行）で、「刀わきさしにそりを直すと云事《いうこと》、三四十年已来《いらい》」（およそ一六四〇〜五〇年頃）から流行りだし、今なお続いていると述べる。そして流行の経緯を、次のように考察している。

歩行（歩行若党）

奉行・使者

図16　武士の行列と棒の様な刀

上＝明暦4年（1658）刊『京童』，下＝貞享4年（1687）刊『古郷帰の江戸咄』（ともに国立国会図書館所蔵）より

この時期の絵は，どれをみても「棒の様な刀」で描かれている．脇差も同形状で，相当な長さである．なお刀剣界で「寛文新刀」と呼ばれる無反りの刀が現存する．この「棒の様な刀」の遺品であろう．

中間（挟箱持ち）

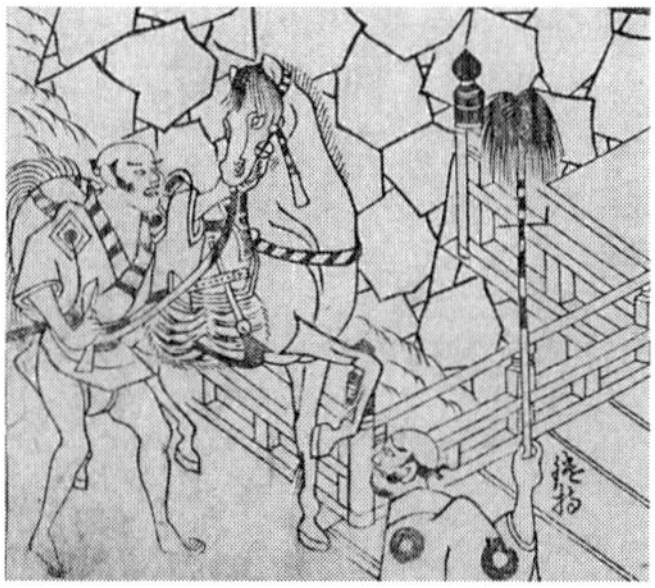

中間（鑓持）

家老・奥家老（奥家老の刀は，手前の従者が持っている）

大小姓・中小姓・小小姓

図17　棒の様な刀　元禄3年（1690）刊『人倫訓蒙図彙』（国立国会図書館所蔵）より

武家奉公人から上級武士まで，刀・脇差ともに，かなり長大である．その形状も，当時流行の「棒の様な刀」で描かれている．

歩若党《かちわかとう》・鑓持《やりもち》などの武家奉公人は、武士の行列の見栄えをよくするため、大柄な男が選ばれ、諸国から江戸にやってきた。彼らが差す刀・脇差は、その背丈に応じて長く、特に「あゆむなりふり」（見た目を意識した行進の動作）に相応しくないと、少しでも反りのあるのを嫌い、「棒の様なる大刀・大わき指（脇差）」を差した。彼らはたくさんの人数で、同じように動きをそろえて行進した。若者にはその様子が「さても見事」に見えて、「めうつりし、気うつりして」、歴々の侍までも、若い者は「棒のやうなる刀をこのミ」だした。彼らは「そりたるハ同心にあらず」（反りのある刀は流行と同じでない、気に入らない）と、従来の刀・脇差を買わなくなった。そのため「そりある」刀は値段が安くなったので、こぞって昔の刀までも、反りを直すことがおこなわれるようになった。

紹益はこの考察に続いて、「しハらく（暫く）の時のはやり」（一時的な流行）に左右されて、古来の名刀まで改造されていくさまを歎き、厳しく非難している。しかしそれこそが、戦国乱世から泰平の世における、刀に対する、意識の大きな変化であった。人々は刀そのものではなく、刀を差した姿・見た目を重視するようになってきたのである。「棒の様な刀」は、刀を使う意識から生まれたのではない。単に目立つためだけのファッションとして生まれ、流行したのである。

流行は終わる

『雑兵物語』は、この流行の最中に書かれた。故に同書は、刀をファッションにする当時の流行、それに興じる「今時のお侍衆」に対する、強い憤りと批判によって貫かれている。

例えば先に引用した「棒の様な刀」について述べた箇所では、「その刀を上帯に指ては、中〳〵抜ない」と、実戦でいかに不便であるか、長い刀を上帯に差し、命を落とした事例をも説いている。また「年のよつた侍衆の物語に、金銀の拵《こしらえ》は能《よく》ないもんだといいなさつたが、尤《もつとも》なこんだ。(中略)金銀拵の刀脇差は味方に寝首をかゝれると云」等といい、武具の金銀の金具が、戦場で剝ぎ盗られて苦労した話についても語る。刀の外装に拘《こだわ》っても、戦場ではそれが惨めな結果を生む。これらの話は、武器としての使用を第一にすべき刀を、ファッションとして弄んでいた、当時の風俗への痛烈な皮肉なのである。

十七世紀半ばまで、江戸では旗本奴と町奴の抗争があったが、その首魁らの処刑や、後述する町人帯刀の禁止などを経て、長すぎる刀・脇差の流行は、次第に沈静化していく。元禄十二年(一六九九)十二月、幕府は旗本・御家人への倹約令で、「刀脇差等に至迄《いたるまで》、目たち不申候様《もうさずそうろうよう》に可被仕事《つかまつらるべき》」を命じているほか、同十四年八月には御番衆に対して

「刀・脇差・小サ刀、長く無之《これなく》、拵等《こしらえなど》目《め》立不申様《だちもうさざるよう》に可致《いたすべく》候」と厳命しているが、類似の禁令は、この辺りが最末期である。

元禄十五年、主君の仇討を果たした赤穂浪士のうち、片岡源五右衛門《げんごえもん》は、幕府の処罰を待つため、熊本藩細川家に預けられていた。片岡は接待役の武士と、種々の雑談をしている。そこで時代の流行に関する話題になったとき、片岡は「若き頃ハそりなしの大小はやり、我等《われら》もわさ〳〵大小のそりを伸《のべ》させ候と覚申《おぼえもうし》候、只今ハ本《もと》の如くそりたる大小に成《なり》申《もうし》候」と述べている（『赤城義臣対話（堀内伝右衛門《でんえもん》覚書）』）。つまり彼の若い頃には、刀の反りを真っすぐに改造して、「棒の様な刀」にすることが流行したが、今では昔同様反りのある刀が用いられているという。「棒の様な刀」の長い流行は、元禄末期に至り、ようやく終息に向かったのである。

人に見られ、褒められたい

「棒の様な刀」の流行は、ようやく終わった。けれどもその流行は、刀・脇差のファッション化を確定させたという点で、実に大きな影響をもたらしたものといえる。

『むかしむかし物語』（八十翁疇昔話）は、享保期（一七一六〜三六）に八〇歳になっていた老人が、七〇年間の江戸の見聞を記録した随筆である。老人は、昔（十七世紀後半頃）

を回顧して、次のように歎く。

昔の武士は、各々が自分に合わせた刀・脇差を使っていた。だから武士の会合があると、「三尺余の刀もあり、二尺四五寸も有、二尺のも有、重きあり軽きあり、かなものも色々替《かわ》る」と、十人十色に違いがみられ、刀を見れば、刀の主が中年か、老人か、若者か等、おおよそわかった。しかし近年（享保期以降）はそうではなくなった。武士の刀はおおかた「二尺二三寸」で、拵《こしらえ》も「似たる刀」ばかりになった。こんなことになったのは、自分の刀を、戦闘でどう使おうかというところに、意識が向けられなくなったからである。今の刀・脇差は、「世間はやる（流行る）鞘なり金具物ずきを、人の真似して拵へ、是《これ》を用立《ようだつ》る所は思入《おもいいれ》なくて、人に見られ褒られ、当風《とうふう》とおもはれん事のみにて、多《おおく》腰に差計《さすばかり》に成《なり》ぬ」――つまり刀を使うことに意識がなく、ただ鞘や金具などの外見ばかりを気にして、当世風（今流行り）だと思われたいため、ただ腰に差しているだけのものになってしまった。おまけにこうした刀は、拵も出来合いで売っているもので、肝心の刀身は「奈良もの」である（奈良刀は、ナマクラの代名詞）。

享保期になると、個性のある刀・脇差の使用者が減少し、画一的な刀・脇差が好まれるようになった。刀選びの関心は、主に外装に移った。もちろん、刀が「武器」であるという本質は変わらない。しかしその本質に、ファッションという二次的な用途が覆い被さり、元来の本質以上に重視される時代になったのである。

こうして十八世紀を過ぎた頃には、「似たる刀」ばかりの、画一化された武士の「帯刀」した姿が出来上がってきた。これこそが、我々が「江戸時代の武士」ときいて想像する、一般的なイメージなのである。

刀・脇差の寸法

刀剣そのものは、ずっと武士や好事家《こうずか》たちの関心を集め続けた。刀身の形状や拵には、その後も時代による変化がある。しかしこうした刀そのものと、それを帯びることへの関心は、このファッション化以降、全く分離したといえる。故に本書では、これ以上刀剣そのものの話題には立ち入らない。ただ寸法については、多少述べておきたい。

刀と脇差はいずれも打刀で、刀身の構造は同じである。江戸時代において、両者は、必ずしも長短を基準に分類されたのではなく、用途によって呼び分けられた。寛文五年（一六六五）頃成立の浅井了意《あさいりょうい》著『浮世物語』に「三尺五寸・二尺五寸の刀・脇差」などの表現があるように、二尺以上でも、脇差だといえば、どんなに長くても脇差なのである。

正保二年（一六四五）七月十八日、前述の元和元年令をほぼ踏襲した風俗規制では、

「刀」二尺九寸、「脇指」一尺八寸までとし（この規定は、後年の誤写により、正徳二年と誤認されていることが間々ある）、同令を踏襲した寛文二年（一六六二）十月の規定でも、刀は二尺八寸九分、大脇差一尺八寸までとしている。享保六年、江戸の町年寄が、町奉行からの刀・脇差に関する下問（詳細は次章）に対して、「脇差は、七十六年前の正保二年七月、一尺八寸以下にせよと命じられたとの伝承があり、今もその通りに心得ています」と述べているから、正保令が一定の制約として作用していたようである。江戸時代に刀剣の鑑定等を家職とした本阿弥《ほんあみ》家では、表1のような寸法基準で鑑定上の分類をしていたようで、これが一般的な認識ともなっていた（『本邦刀剣考』）。

ただし幕府が厳密な寸法規定を設けて、全国の刀・脇差を統一的に分類・規制したことはない。そのため時代の流行によって、町人が二尺以上の脇差を差すといった状況も、十九世紀前半まで発生した（後述）。また幕府が触書として発した御尋者《おたずねもの》の人相書をみると、その所持品として「脇指長サ弐尺弐寸」（貞享五年〈一六八八〉）、「脇差長弐尺五寸」（延享三年〈一七四

表1　本阿弥家での刀・脇差の分類

名　称		刀身の寸法
刀		2尺以上
脇差	大脇差	1尺9寸（9分）まで
	中脇差	1尺7寸9分まで
	小脇差	9寸9分まで

出典：寛政7年刊『本邦刀剣考』（榊原香山著）．大脇差を「1尺9寸」とするが，前後から考えると「1尺9寸9分」とするべきか．寛政4年刊『古刀銘尽大全』なども，小異はあるが，概ね同じ寸法を示している．

六〉）等とみえ、幕府自身、町人が一本差すものなら、二尺以上でも「脇差」といってい
る。なお江戸時代中期以降の人相書での脇差は、およそ一尺五〜九寸くらいとなっている
が、概して現代人のイメージする脇差よりは、かなり長いものが使用されている。

帯刀規制のはじまり

「棒の様な刀」が流行した時代、実は百姓・町人も刀と脇差を差していた。その事情を理解するためには、いささか時代を遡らねばならない。

戦国の刀・脇差

戦国乱世の時代、百姓たちも否応なく戦いの中にあったから、武器を所持して身に着けた。戦国時代末期、宣教師ルイス・フロイスは、その著書『日本史』において、「日本では今日までの習慣として、農民を初めとしてすべての者が、ある年齢に達すると大刀《エスパーダ》と小刀《アダガ》を帯びることになっており、彼らはこれを刀《カタナ》と脇差《ワキザシ》と呼んでいる。彼らは不断の果てしない戦争と叛乱の中に生きる者のように種々の武器を所有することをすこぶる重んじている」と記述した。また天正末期、奈良興福寺の『多聞院日記《たもんいんにっき》』からは、村の成人儀礼が「刀指《かたなさし》」と呼ばれていたことがわかっている。藤木久志氏はこの他の多数の事例から、中世社会における刀・脇差は、百姓をはじめとするすべての人々にとって、成人の標識になっていたことを明らかにした。なお、中世の狂言である「鐘の音《かねのね》」（大蔵虎寛本《おおくらとらひろぼん》）でも、武家の元服儀式で初めて刀を差すことを「差初《さしぞめ》」「御差初」といっていることから、刀を差す成人儀式は、武士から伝播したものであろう。

宣教師フランシスコ・ザビエルも、一五四九年の書簡の中で「武士も低い〔階級の〕人たちもすべてが、刀と脇差とをいつも持っています。彼らは一四歳になると、刀と脇差を持つことになっています」（満年齢の一四歳＝数え一五歳）、また一五五二年の書簡でも「彼ら〔日本人〕は家にいる時も外出する時も、つねに大刀と小刀を持っていて、寝ている時には枕元に置いています」「私はこれほどまでに武器を大切にする人たちをいまだかつて見たことがありません」といっている。ザビエルの見た一五四九年の鹿児島では、大小二本の刀をセットとして、普段着に帯びる風俗が、すでに広がっていたことになる。

ただし鎌倉・室町時代の絵巻物などを見ても、庶民は、腰に刃物を帯びてはいない。宣教師たちの見た、刀・脇差を常に身に着けた姿は、戦が日常化した戦国乱世の中で形成されていった、戦国時代特有の、新しい風俗であった。

刀狩りの影響

この状況に大きな変化をもたらしたのが、天正十六年（一五八八）以降、豊臣秀吉により行われた全国的な刀狩りである。「諸国百姓等、かたな・わきさし・ゆみ・やり・てつはう、其外《そのほか》武具のたくひ、所持候事、堅《かたく》御《ご》停止《ちょうじ》候」で始まる有名な命令は、厳格に実行され、全国の百姓たちから、刀・脇差を中心とした武器の没収が実行された。

藤木氏は、刀狩令が刀・脇差に焦点を絞って没収したこと等から、武士とそれ以外とを、刀の有無で見分けるための、武士による身分標識の独占政策だったと推測している。しかし後述するように、刀・脇差を特別な身分標識とみる江戸時代の認識は、十七世紀半ば以降、ファッションとしての刀規制から次第に醸成されていくもので、刀狩りと直接の関係はない。

秀吉の時代における、刀・脇差に対する百姓の認識には、①本質である武器とみる意識と、②成人の証とみる意識、この二種類が併存していたのは確かである。秀吉は、刀を①の意識から没収してその「所持」を禁じ、村の武力をそごうとした。その結果、刀剣そのものが村から減少し、百姓が帯びることはもちろん、②の用途、刀を差すことで成人するといった、刀・脇差にまつわる習俗が成り立たなくなった。つまり刀狩りは結果として、戦国時代の村に広がっていた刀・脇差の風俗を、一旦リセットするに近い効果をもたらした。そのように考えた方が、ごく自然のようにも思われる。

いずれにせよ、豊臣氏に代わった徳川氏は、刀狩令における武器の「所持」の禁止政策を全く継承しなかった。ただし個別の大名には、秀吉時代の刀狩りに基づく、刀・脇差の所持禁止を継承した地域もあるという（新発田《しばた》溝口《みぞぐち》家、出羽《でわ》佐竹《さたけ》家など）。江戸時代における、百姓と刀・脇差の関係には、かなり地域差がみられるが、それはこうした事情にもよるものであろう。

江戸幕府は、刀を差すことはもちろん、刀剣の所持も禁じず、刀・脇差の没収も行わなかった。だから十七世紀半ば、「棒の様な刀」のファッションが流行したとき、町人たちも武士たちと同様に、この流行に乗って、刀・脇差を帯び、街を闊歩しえたのである。

刀・脇差は百姓町人もさし申し候

出羽山形の大名最上《もがみ》家の浪人で、江戸に居住した斎藤親盛《ちかもり》（如儡《にょらい》子《し》）は、随筆『可笑記《かしょうき》』（寛永十九年〈一六四二〉刊行）に、「此《この》こ《（ご）》ろの町人共をミるに、皆侍をまなび、二尺あまりの大わきざし・三尺余りの大かたな、てりか丶やくばかりのだてこしらへ、真十文字にさしはしらし、男道の心がけ、しやうし《（笑止）》千万也」と、最近刀・脇差の二本を差す町人が多くなったことを、批判的に記した。斎藤は、これを「侍のまね」ともいって嫌悪感を示している。

戸《と》田《だ》茂《も》睡《すい》による『紫《むらさき》の一本《ひともと》』（天和二年〈一六八二〉成立の仮名草子）には、渡辺得船なる出家していた元武士が、武士たる者の道を説く場面がある。渡辺は「武士といふは、武の嗜み心に備へたるを云ふ」と述べ、その比較対象として、百姓・町人らの刀・脇差にも言及する。「刀・脇差は、百姓町人もさし申し候。足軽、中間《ちゆうげん》も人をば切り申し候」「町人にも刀・脇差をきれいに拵へ、少しのさびをも付けず、ねたば《〔刀を研ぐこと〕》を合はせ指し申し候者、多く腕だてをいたし強みを申す」といっている。つまり、単に刀・脇差を帯び、丁寧に手入れするだけなら、百姓・町人も同じようにやっている。「武士」が真の「武士」であるためには、「武士」としての心懸けこそが重要だ、と演説しているのである。

武士は刀・脇差を帯びる。しかし百姓・町人も刀・脇差を帯びた。十七世紀初頭は、そんな時代であった。二本差しは武士だけではない。武士からみれば、百姓・町人のそれは、ファッションとして、外見だけ模倣した、「侍のまね」ともいえた。しかしどう苦々しく思っても、「刀・脇差は、百姓町人もさし申し候」という現実が、目の前にひろがっていた。

町人はいつ二本差したか

町人の帯刀が禁止される寛文八年（後述）以前に出版された仮名草子をみると、町人が二本差しの姿で闊歩している姿が、数多く認められる。しかし町人の皆が皆、二本差していたわけではない。この時期の町人は、脇差に加え、刀まで差した町人は、街道、宿駅、寺社の参詣、遊里等でしかみられない。

脇差一本を差した姿で描かれているが、

浅井了意著の仮名草子『東海道名所記』（万治二年〈一六五九〉頃刊）では、主人公といえる楽阿弥の旅に、途中から大坂商人の手代が同行する。この男は、二四、五歳で「刀わきざしハ腰によこたへけれ共、けたれてなまぬるき、色の白きひなおとこ」と本文でも描写されている通り、挿絵でも刀・脇差を帯びている。この青年は楽阿弥より貧弱で、箱根で草臥《くたびれ》て駕籠に乗って以降、刀を肩に担ぎ、それに荷物を括り付けたスタイルに変化している（本文で言及はない）（図18）。しかし滑稽なこのスタイルは、この男独自のものではない。同時期の出版物には、折々似たような姿が認められるのである（図19）。

十七世紀半ばまでの町人は、必要と感じた特別な場合、あるいは流行のファッションとして、脇差に加えて刀を差すことがあった。しかしたまに刀を差した結果、不慣れで歩きにくいため、結局腰から外して肩に担いでしまう。それが、この姿なのではないか。刀を

登場当初の姿　　刀を担ぐ姿

図18　色の白きひなおとこ　万治２年（1659）頃刊『東海道名所記』（国立国会図書館所蔵）より

①　②　③

図19　刀を担ぐ男たち

①明暦4 年（1658）刊『京童』（国立国会図書館所蔵）より．岩屋不動あたりを一人で歩く男．飛脚か．これも大刀に何か荷物をぶらさげている．
②寛文2年（1662）刊『江戸名所記』（国立国会図書館所蔵）より．神社を参拝した帰途か．左手に同行者と思しき二人（脇差のみ）がいる．
③同上．日本橋を一人で歩く男．主人など，同行者は見当たらない．

差すことに規制はない。しかし大抵の町人は、普段は脇差一本で十分だと考えていたようである。なお、脇差については次節で詳述するので、とりあえず刀の話に戻ろう。

規制される「真似」

すでにみたように、幕府は、武士たちに対して、派手で長い刀・脇差の流行を風紀の乱れとして規制していた。当然、それをまねた町人たちに対しても、同様の規制が行われたのである。

正保五年（一六四八）二月（同月慶安と改元）、幕府は「町人長刀《ながかたな》幷《ならびに》大わきさしを指、奉公人之真似《まね》を仕《つかまつり》、かふきたる体《てい》をいたし、かさつ成儀《なるぎ》幷不法成《なる》もの」の存在を問題視し、今後は「奉公人之真似」をして、刀を差してはならない、という内容の町触を発した。目付衆が見回り、違反者は発見次第、捕縛・処罰するとも通達している。なお江戸時代中期まで、「奉公人」という語は、大名などに奉公する者、つまり武士身分から、下級の歩行《かち》や中間も含む全般を指す用語であった。この正保五年令は、武士をまねて、流行の長い刀・脇差をさす、町奴など、無頼の徒の風俗が対象となっている。ただし同月、別の風俗規制の町触で「町人の召仕《めしつかい》が、立派な拵の刀・脇差を差してはならない」と命じているように、規制対象は「奉公人之真似」となる、長く派手な刀・脇差であって、刀・脇差自体を差すな、というものではなかった。

翌慶安二年（一六四九）二月十五日にも、幕府は、江戸町人に対して、「御法度《ごはっと》」である華美な風俗を十一箇条にまとめて通達した。羅紗《らしゃ》の合羽《かっぱ》を着るなとか、派手な祝言をするなといった規制のなかに、前年通達された「町人長《なが》かたな・大脇差さし申間敷事《もうすまじきこと》」「町人かふきたる躰仕《ていつかまつる》間敷事《まじきこと》」も含まれている。この時期における、刀・脇差への規制は、武士・町人いずれに対しても、常に衣服など、ほかの風俗規制の一部として命じられている。刀が武器だから危ないとか、武士の特権だからとか、幕府にはそんな意識はまるでない。武士・町人関係なく、長くて派手な刀・脇差が、風紀を乱すファッションだから、この江戸の町からなくしたい。それが目的なのである。十七世紀半ばの江戸は、武士も町人も風紀・治安が乱れていた。幕府は衣類の種類・材質や色などを規制して秩序を構築し、これに対処しようとしていた。

同五年二月、幕府は正保五年令を再令し、さらに九月には、町人の召仕《めしつかい》の衣類への風俗規制の中で、主人の供として刀を差すのは良いが、召仕が普段から「常に」「刀さし申事」は厳禁すると命じた。この時、刀を差す行為自体に、はじめて制限を加えられたのだが、町人一般は、なおも禁止の対象ではなかった。

幕府は風紀の根本的改善のため、すべての町人に対し、刀を差すなと命じる必要がある、と考えはじめたらしい。寛文八年（一六六八）三月、幕府は次のような江戸町触によって、町人の刀に制限を加えた。

町人縦雖為御扶持之者《たといおふちのものたりといえども》、刀帯之《これをおび》、江戸中徘徊《はいかい》弥《いよいよ》かたく可為無用《むようたるべし》、但し免許《めんきょ》之輩《ともがら》は制外事《せいがいのこと》

つまり幕府から扶持を給与されている商人・職人である「御扶持之者」をも含め、すべての町人に対して、刀を帯びて、江戸の町中を歩き回ることを禁止した。ただし特に許可した者は例外ともしている。同月、町人の衣類などの華美を禁じており、これまで同様、風俗統制の一環であった。

しかし同月二十日、「御扶持人之町人、刀さし候儀御免」と令せられ、「御扶持人之町人」への規制は即時に撤回された。このとき「刀　御免」とされた「御扶持人之町人」とは、呉服所の七人、金銀座の七人、本阿弥《ほんあみ》の七人、狩野（絵師）の九人、大仏師《だいぶつし》左京（仏師）、木原縫殿助《ぬいのすけ》（大工頭）、大久保主水《もんど》（御菓子司）、伊勢屋作兵衛《さくべえ》（酒用達）、岩井与左衛門（具足師）、丸田喜右衛門《きえもん》（御鞣師）、辻弥兵衛（御畳方）、伊阿弥角之丞（御畳大工）、土屋右衛門《うえもん》（御研師）、台屋五郎右衛門（紺屋頭）らであった。後述のように、木原の同役で

ある鈴木修理《しゅり》や江戸町年寄も許可されているため、これが全員ではないようである。彼ら御扶持人の町人は、武士ではないけれども、幕府より扶持を給されて、御用を果たす商人・職人である。ここには、大工頭のように、数百石の知行を与えられ、多くの職人の支配・統括を担う存在も含まれていた。ただし彼らの召仕・下人については「刀無用」として、刀を帯びた家来を連れることが禁じられ、「法体之者」（剃髪している者）にも「刀は無用」にせよと命じられている。許可者にも一定の規制が加えられたのである。ただし禁じられたのは、刀・脇差のうち「刀」だけであり、「脇差」が全く無関係であったことは、後述する通りである。

寛文八年令の目的

同月二十二日、「町人旅立之時、又は火事出来之砌《しゅったいのみぎり》、格別之事ニ候間、其節《そのせつ》は刀差《かたなさし》候儀御免被成《なされ》候事」との町触が出された。一般町人でも、旅行・火事での刀の佩帯はかまわないという内容である。ただし先の寛文八年令をよくみると、「刀を差して江戸のなかを徘徊するな」という命令であって、最初から江戸という都市以外の場所は、規制の対象外なのである。これはいわば、全面的禁止ではないことを知らせる、念押しの通達でもあった。

さらに同年五月、江戸の三大祭りの一つである、山王権現《さんのうごんげん》の祭礼に際しては、町人にもこれまで同様に、「刀を差して祭りに参加せよ」という町触がわざわざ出されている。この時点の幕府には、町人が特別な時、脇差に加えて刀を差すという風習を潰す意図はなかった。

寛文八年令は、一般町人が日常的に刀を差すことを禁じたが、旅行・火事・祭りといった、特別な時には、これまで通りに許容した。もとより多くの町人は、普段は脇差だけで、特別な時だけ刀を差す、というのが実情であった。故に同令は、多くの一般町人に、それほど影響はない。寛文八年令の目的は、江戸という武士と町人が混在する都市内部で、治安を乱す町奴などの一部の町人が、刀を差すことを禁止すること、さらには都市部で武士と町人が同じ姿になることを排除して風紀を正し、秩序を構築することにあった。

七月二十一日からは、免許者以外が刀を差して江戸の町を歩いていないか、見回りも行われた。しかし翌年十二月になっても「町人其外《そのほか》刀御免なき者不可差候《さすべからず》、近日相改《あいあらため》、違背之もの於有之《これあるにおいて》ハ、とらへ可申事《もうすべき》」と、違反者は発見次第捕縛するとの触れが出され、寛文十一年四月にも、同様の触れが出ている。都市の外では、随意に刀を差すことができたのだから、刀・脇差を差す町人は、容易に止まなかったのであろう。

なお寛文八年六月、鳥取藩では、幕令に準拠して「扶持人之町人、只今迄刀指来候《かたなさしきたりそうろう》者《もの》之《の》外《ほか》可為無用《むようたるべし》、中脇指さやの上、壱尺五寸より上可為停止《ちょうじたるべし》、惣て常に武士之作法にせ中ましき事」との文言を含む風俗禁令が町方に発せられている。幕府の正保五年令と合併したような内容である。こちらでは、寛文八年令の目的も、町人の「武士之作法」へ似せる行為、つまり町人による「奉公人之真似」の禁止であったことが、幕令以上に明確に記されている。

天和三年令

天和三年（一六八三）二月十七日、幕府は衣類その他を規制する、五か条からなる町触のなかで、「町人・舞々《まいまい》・猿楽《さるがく》ハ、縦雖御扶持人《たといおふちにんといえども》、向後《きょうこう》刀さすへからさる事」と命じた。つまり町人や、舞々・猿楽（幸若舞《こうわかまい》や猿楽を演じるもの）は、これまで刀を禁止されなかった「御扶持人」（寛文八年令での「御扶持之者」）であっても、今後刀を差すことを禁止されたのである。

同二十日には、一般町人に対して、以後は旅行・出火時の刀も「一切無用」にせよと命じ、寛文八年令の例外規定を撤回することを明言して、今回は町人が刀を帯びることの、全面的禁止であることを知らしめた。二十三日には、御《お》徒《かち》目《め》付《つけ》が町を見回って、違反者を捕縛することも町へ通達している。町触本文で、この見廻りは「刀衣類改《あらため》」と呼ばれている。刀と衣類とを、同じくファッションとして取り締まる意識は、やはり変わらない。

さらにこの措置は江戸限定ではなく、諸大名に対し、その家来や町人らについても規制するよう、次のような文面で命じた。

覚《おぼえ》

一、諸大名衆家中に有之《これある》侍《さむらい》共《ども》迄も、猿楽芸《さるがくげい》之者《のもの》、刀《かたな》さゝせ候《そうろう》儀無用事《むようのこと》

一、諸家中《しょかちゅう》絵師、縦《たとい》侍にても、其《その》家業勤《つとめ》候《そうろう》もの、是《これ》も刀無用事

（一か条省略。茶坊主・下女等の服装規定）

一、町人は後藤、本阿弥迄、刀さゝせ不被成《なされず》候《そうろう》間《あいだ》、在々所々尚堅可申付《ざいざいしょしょなおかたくもうしつくべき》事

一、町人之族《やから》、雖為火事之節《かじのせつたりといえども》、刀さゝせ申間敷事《もうすまじきこと》

一、猿楽、刀にて喧嘩《けんか》仕《つかまつり》候由被聞食《よしきこしめされ》候ハヽ、急度曲事可被仰付《きっとくせごとにおおせつけらるべき》事

（二か条省略、医師・諸家中の侍に対する服装規定）

以上

（天和三年）亥二月廿六日

大名「家中」（正規の家来）の「侍」あっても、猿楽や絵師など、技芸によって仕えている者は、刀は「無用」であるから差させないこと、町人は例外なく、一切刀を差させないこと、幕府でも金座の後藤庄三郎や、刀目利きの本阿弥らも「町人」であるから、刀を

差すことを禁止したので、これに準拠した処置を領内でも厳格に講じること、などを命じている。後藤も本阿弥も、数百石の知行を有する存在で、以前は規制の例外対象であった。しかしこのような者でも、その職務上、武士ではなく「町人」であるので「刀無用」と判断したのだ、という指標を示すことで、地方の同様の存在も「刀無用」とするよう命じたのである。

ここでは、誰が「刀無用」であるかという判断基準として、刀本来の用途――「武器」としての刀を必要とする職業であるか否か、という、線引きが持ち出されている。「刀」が必要で腰に差しているのは、戦闘従事者である「武士」だけである。だから町人はいうまでもなく、知行や扶持をうけて奉公する「家中」「侍」でも、「芸」を以て仕える猿楽師や絵師らには、刀は「無用」だ、だからさすな、という措置なのである。

刀を必要とする人間、つまり戦闘従事者たる武士だけに差させ、刀をファッションとして差すことを禁じる。それが風紀や治安の改善に繋がるはずだ、というのが、幕府が思い描いた天和三年令の目的なのである。ここにきて、ようやく刀を武士（戦闘従事者）だけの身分標識にしようという、具体的動きが始まったともいえる。

猿楽師と刀

町人らとともに刀の禁止を命じられた猿楽師は、従来からその不行跡が問題視されていた。正保四年（一六四七）六月九日、幕府は猿楽師に対して、いくつかの風俗規制を発したが、その中に「其芸《そのげい》を不相嗜《あいたしなまず》、不入《いらざる》武芸等心懸《こころがく》る儀、可為停止事《ちょうじたるべきこと》」と、猿楽師が本業である猿楽の芸ではなく、武芸などを嗜むことを禁じていた。この禁令の付則では、芸に必要な道具以外の「不入《いらざる》道具」の所持も禁じている。ここでの「道具」は、もちろん武具のことであろう。寛文八年五月八日に発せられた「猿楽法度《はっと》」でも、道中で「道具」（こちらは明らかに鑓などの意味）を持たせることを禁じ、本業である猿楽以外の「不似合」な「外之芸《ほかのげい》」をするな、また若党を召連れるな、などと、一般武士同様の行装で、武士のように振る舞うことが問題視され、禁止されていた。天和三年令の「猿楽」に対する刀禁止令は、幕府に仕える猿楽師が、武士一般と見分けのつかぬ事態に対し、これを風紀の紊乱として禁じた措置であった。

鈴木長常の抵抗

天和三年令によって、幕府の大工頭である鈴木修理《しゅり》（長常《ながつね》）・木原内匠《たくみ》（重弘《しげひろ》）は、江戸町年寄三人（奈良屋・樽屋・喜多村）らとともに、刀を差すことを禁じられた。寛文八年令で禁止の対象外だった彼らは、納得できず訴訟を行ったものの、聞き入れられなかった。ただ一人、禁令に従わず刀を差し続けた鈴木修理は、遂に閉門の処分を下されてしまった。

彼は何故、頑なに刀を差したのか。大工なら刀を使わない。使いもしない刀を、何故差したがったのか。彼の頑な拘泥こそが、刀を武器としても、またファッションとしてでもない、新たな意味が、この時期に形成されつつあったことを物語る。

鈴木の刀に対する認識は、彼が日記に記した、次の事件からうかがうことができる（ただしこの時期の日記は、長常の子である、鈴木長兵衛《ちょうべえ》（長頼《ながより》）の筆になる）。

延宝六年（一六七八）四月、幕府の「破損方御用」を勤める職人の桶屋市兵衛・屋根屋喜兵衛らが、刀を差したいと、小普請奉行へ内願を行った。この情報を得た定棟梁ら（小普請方支配）は「みんな一緒に刀を差すようにしたらどうだろう。我々も刀を差す願いを奉行に出したい」と、御被官大工（大工頭の部下）に相談した。これを伝えられた大工頭の鈴木・木原は、怒りを含んで、こう言い放った。「みんなで差すなど、到底合点《とうていがてん》のいかぬ話だ。たとえ、その職人らに刀の許可が下りても、それには我々二人から、町奉行に断りの手紙を書く手続きをしてやらねば、差すことはできまい。それなのに、我々はそんな話を聞いてもいない。小普請奉行が許可しても、なかなか、差させはしないぞ……」

鈴木・木原は、仮に刀を差すことが許可されても、現場で実行させないことを臭わせている。意地悪にみえるこの態度の背景には、当時職務の重複が生じていた小普請方への反感もあろうが、第一には、寛文八年令以降の、「刀」を差す価値の上昇がある。誰でも差せた刀が、寛文八年以降、武士と特別に許可された者しか、江戸では差せなくなっていた。大工頭は、寛文八年以後も刀を許可された一人であった。自分たちは武士だ、あるいは特別だ、だから刀を差せる、刀を差せる人間は特別なんだと、そのような意識が、ここに生じていた。だから他者が新たに刀を差すことは、絶対に許せなかったのである。

しかるに天和三年令では、鈴木も「町人」の範疇と判断されて、刀を差すことを禁じられた。鈴木にとって、これほど受け入れられないことはなかったろう。鈴木の先祖は武功もあり、木原は七五〇石、鈴木も五〇〇石の知行を有する。ただし長常は元和九年（一六二三）生まれで、実戦経験はない。武器としての刀に愛着があるから、しぶとく差した、というわけでもない。刀を差すという行為、あるいは差した外見を人に見せることに、彼は価値を見出していた。「刀」は、許された者だけが身に着けられる、身分標識であるという意識が、寛文八年以降、急速に成長しはじめていた。

天和三年令の波及

天和三年令は、幕府の直轄都市である京都でも当然実行された。京都では町代《ちょうだい》という、町奉行所から町への触伝達など、町政の事務・雑務を取り扱った町人がおり、その公用日記などから、天和三年令実行の様子が知れる。

天和三年二月十九日、呉服師・金座・銀座等の「町人にて刀指《かたなさし》、御公儀之御用承之者」の調査が町代に命じられた。これは天和三年令実行の事前調査とみられる。同二十二日、「京都御扶持人、其外《そのほか》御用承候諸職人」が奉行所に呼び寄せられ、「町人刀指申事《かたなさしもうすこと》無用」であると、以後刀を差すことの禁止が命じられた。この時、京都大工頭の中井主水《もんど》、加茂川筋普請奉行の角倉《すみのくら》平次、宇治の茶師で代官でもある上林《かんばやし》又兵衛・上林門太郎など、後世には士分として扱われるようになる者たちまで、御用を承る「町人」だと正確に判断され、刀を差すことが禁止された。町代たちも、町に属する町人（「町へ付申候者」）であるため、「指申事《さしもうすこと》遠慮」せよと、町奉行から直接申し渡された。

さらに同四月に行われる予定であった今宮神社の祭礼でも、町人は刀を差してはならないと命じられた。去年の稲荷祭・地主祭等では刀を差していた、という、町人側の反論もあったようだが、町奉行は「以前はよかったが、今回は、神事でも差してはならぬとの、江戸からの指令がある」と述べて、刀は「必々急度《きっと》無用」だと厳命した。天和三年令は、京都でも厳格に実行されたのである。

加賀藩での実行

加賀藩でも、天和三年令が実行された。天和三年令についての情報は、同年二月二十九日付で、同藩江戸藩邸より、国元に発信された。そこには、江戸で「町人・舞々・猿楽」「其外《そのほか》百姓・大工・呉服師・絵師・木（本）阿弥・町年寄、ケ様《かよう》之《の》類《たぐい》」が刀を差すことを禁止とされたこと、幕府の「御大工木原内匠・鈴木修理など（等）」が達《たっ》て願い出たものの、彼等にすら許可されなかったという、他史料と符合する情報が記されている。ただし幕府が天和三年令で「百姓」の刀を禁止した事実はなく、同藩も、このとき百姓への規制は行っていない。

同藩は同十月までに藩内の「刀指《かたなさし》」（刀を差している者を、同藩ではこの時期、そう呼んでいる）の徹底した調査を行った。そして扶持を受ける町人とみなされた「御大工・壁塗・畳刺・御弓矢細工・御鉄砲細工」等、御用を弁じる職人たちに対し、今後刀を差すことの禁止を命じた。なお、この調査・規制の際は、藩主前田綱紀《つなのり》が直接、禁止対象の候補者リストに「刀刺事《かたなさすこと》無用」（刀を差すことを禁止する）か「刀帯候事無御構《かたなおびそうろうことおかまいなし》」（刀を差してもかまわない）かを記入して判断したようで、かなり厳格に実行したことが知れる。

天和三年令の成果

十七世紀後半、天和三年令によって、町人が刀を帯びない状況が、ここに実現した。それは刀が武器だから、身分標識だから、町人から取り上げたのではない。ファッション化した刀を町人が差すことを止めさせ、本来の職務上、必要な武士だけが、刀を差すようにしたものである。それは風紀・治安政策の一環として、実行されたものであった。そして結果として、刀は江戸という都市部において、武士と町人とを外見で区別するための、身分標識ともなったのである。

その目的故に、寛文八年令・天和三年令とも、百姓の刀についてては、全く言及する所がなかった。寛文八年令の出された同年三月には、百姓に対しても、衣服などについての風俗規制の触書が出されているが、そこに刀や脇差についての文言はみられない。天和三年令の他の箇条では、「百姓・町人之衣服」云々という文言で、百姓・町人両方に、同じく衣服の規制を加えているのに、刀の禁止は「町人・舞々・猿楽」を対象として、「百姓」を挙げていない。町人と違い、村に住む百姓が刀を帯びても、武士と見まがうおそれもない。寛文八年令・天和三年令の目的が、都市部での風俗規制にあった以上、村に住む百姓が刀を差しているか否かは、まだ関心の埒外であった。幕府が刀を差す百姓を問題視するようになるのは、まだ先のことなのである。もっとも、天和三年令によって、百姓が刀の佩帯を遠慮する状況も、生じたものと思われる。

正徳五年（一七一五）頃に刊行された百科事典『和漢三才図会《わかんさんさいずえ》』の「武士」の項目には、

「天和二年(三)、法令あって、武士の外《ほか》、農工商の輩、二刀を佩《は》くことを禁ぜしむ」等とみえる（「刀」の項にも類似の記述がある）。天和三年令は、「武士」による「二刀を佩く」風俗の独占を完成させた——。そのような大きな画期として、後には認識されたのである。

しかし長い「帯刀」変遷の歴史の中に位置付けたとき、天和三年令は、新たな章の幕開けでしかなかった。その成果は、この後わずか十五年ほどで、早くも弛緩しはじめるのである。

百姓・町人の脇差

専ら一刀を佩きたり

天和三年（一六八三）令以降、江戸町人は「刀」を帯びることを禁じられた。しかし「脇差」には規制がなく、その後も帯び続けた。江戸時代の「帯刀」を理解するためには、「刀」と「脇差」とが、全く違うものとして扱われていたことを、十分に理解しておかねばならない。

天和三年以降の仮名草子を見ると、もう刀を差した町人はみられない。しかしこれ以前と同様、ほとんどすべての町人が、外出時、常に脇差を差した姿で描かれている。元禄期ごろまでの脇差は、流行の「棒の様な刀」に似た形状で、かなり長い（図20）。

江戸時代の後期、江戸・大坂の風俗を考証した喜田川守貞《きたがわもりさだ》は、その著『守貞謾稿』（『近

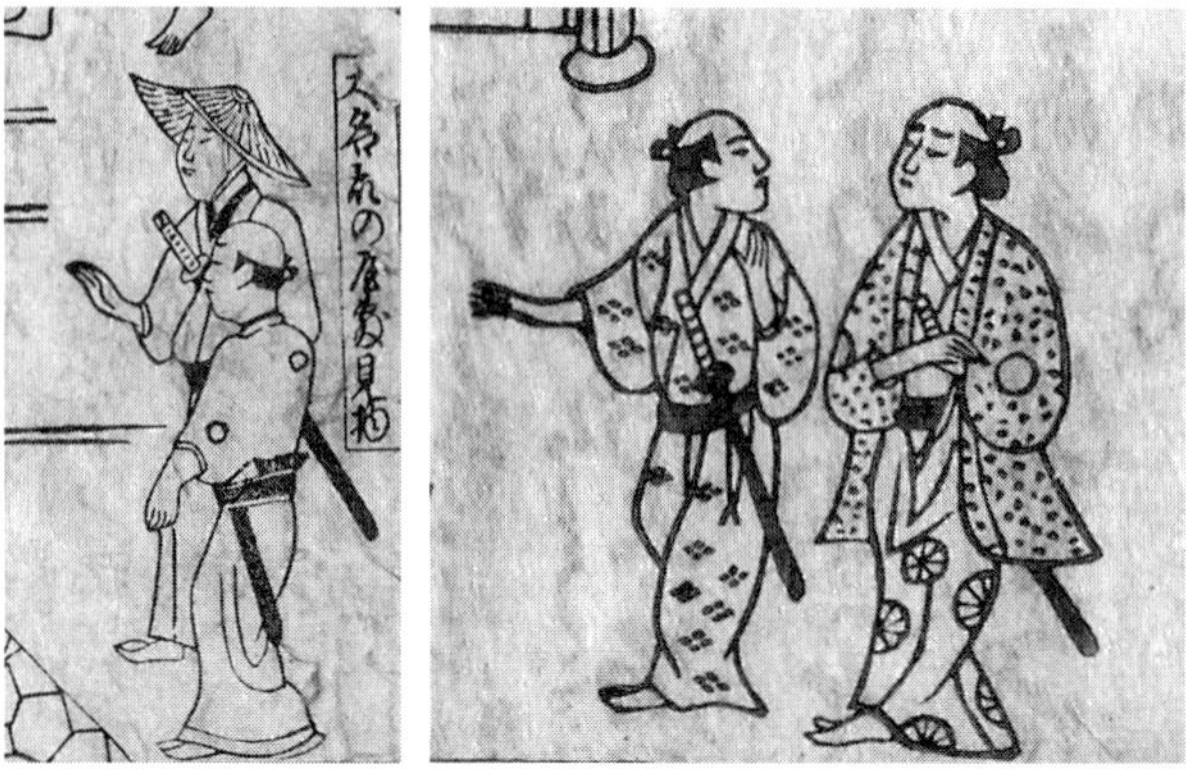

図20　町人の脇差　貞享4年（1687）刊『古郷帰りの江戸咄』（国立国会図書館所蔵）より
着流しに脇差が，17世紀町人の基本スタイルである．

世風俗志』）において「諸古画を見るに、商工に至る皆、専《もっぱ》ら一刀を佩《は》きたり。これ戦国およびいまだ昇平《しょうへい》久しからざるの故か。今世、商工産業の時さらに一刀をも帯びず、式正《しきしょう》にはこれを帯ぶ。旅行にも専らこれを帯ぶ。けだし近世旅行にも無刀の人あり。これ昇平に浴すが故なり」と記し、かつては町人が、常に脇差を差していたことに気が付いていた。それに比べ、守貞が生きた江戸時代後期の町人は、冠婚・葬祭や旅行などでしか、脇差を差さなくなっていた。近世後期までに、脇差を「一刀」、これを差すことを「一刀をきめこむ」などと表現するようになる。それは脇差が、礼装で「きめる」（カッコをつける）ための、いわばネクタイのような、礼装の道具になったことをも意味する。天和三年令後、「脇差」は、どのような道を歩んで、そのような位置づけになったのだろうか。

元禄は脇差だらけ

元禄時代の町人は、前代同様、外出時に脇差を帯びていた。元禄文化を代表する、井原西鶴《いはらさいかく》の浮世草子『好色一代男』（天和二年刊）の主人公・町人の世之介は、常に脇差一本を帯びた姿で描かれている。このほか元禄期の浮世草子をみても、町人は外出時、常に脇差を帯びた姿である。元禄の江戸町人は、脇差だらけだといってよい（力仕事や商売に従事する時は、当然邪魔になるので帯びていない）。

西鶴の著作には、脇差についての記述もある。例えば元禄七年（一六九四）刊『西鶴織留《さいかくおりどめ》』には、「男とあるべき者は、時々の着物《きるもの》に相応の羽織、あさ（麻）の上下《かみしも》、中脇指一腰は、町人の面道具《おもてどうぐ》なれば、たとへ片食《かたけ》は喰《くわ》ずとも身をはなつ事なし。いやといはれぬ祝言振舞町役の野おくりには出ぬ事成難《なりがた》し」との台詞がある。つまり、町人の脇差は羽織や麻上下とともに、吉凶における礼装として、人付き合いにも必要な道具（「面道具」）である、といっている。この時点で、脇差は礼装の必需品という認識がすでにみえる。

また同じく西鶴の『好色一代女』（貞享三年〈一六八六〉刊）では、「町人のすゑ〴〵まで、脇指《わきざし》といふ物さしけるによりて、云分《いいぶん》・喧嘩もなくて（治）をさまりぬ。世に武士の外、刃物さす事ならずば、小兵なる者は大男の力つよきに、いつとても嬲《なぶ》られものになるべき。一腰おそろしく、人に心を置くによりて、いかなる闇の夜も独りは通るぞかし」といい、町人の脇差は護身の必要から、当然のものだといっている。脇差は礼装の必需品にして、また護身の具でもあるとの認識が、早くからみられた。

享保以降の脇差

享保期にもなると、町人が刀を差した時代は遠くなってきた。それは享保五年（一七二〇）上演の、近松門左衛門作『心中天網島《しんじゅうてんのあみじま》』に、「こちは町人、刀差いたことはなけれど」云々の台詞があることからも窺えよう。さらに同人作で同七年上演の浄瑠璃『心中宵庚申《しんじゅうよいごうしん》』では「さすが二腰のお心掛けは各別」と、武士を「二腰」と表現している。町人が刀を差さなくなったことで、「二腰」「二本差し」が、ようやく武士の代名詞となりはじめたのである。

町人が常に脇差を帯びる状態は、いつまで続いたのか。浮世草子などの挿絵では、享保末になっても、外出時の町人は、まだ脇差を帯びた姿で描かれている。ただし武士の刀・脇差と同様、次第に細身・小型になっていく傾向がある（図21）。

西川如見《にしかわじょけん》の道徳書『町人嚢《ちょうにんぶくろ》』（享保四年成立）には「一生脇指をさす事なし」という、「都にかくれなき町人何がし」についての逸話がある。「町人何がし」は、ある人から「日本の風俗にて、刀脇指を礼儀とす。武勇のみにはあらず」と意見された。世間の慣習に背いて、脇差を差さないことを責められたのである。これに対し、次のように答えたという。

図21　享保期町人の脇差　享保15年（1730）刊『世間手代気質』（早稲田大学図書館所蔵）より
着流しに脇差というスタイルが姿を消し，羽織とセットの礼装として描かれることが多くなっている．

礼儀には羽織又は袴を着る。これにましたる礼儀なし。武士は武道を常に忘《わすれ》ざるが役なり。此故《このゆえ》に人と交りて丸腰なるは、武士の武を忘たるになる故、無礼なりとすべし。町人は是《これ》に異なり。何ぞ一代に一度も用に立る事なき道具を常に帯して、一生の窮屈をみんや。唐人は千里万里の旅行にも丸腰なりといへども、終《つい》に鬼に喰《くわ》れたる事を聞《きか》ず。治りたる御代のかたじけなき一徳には、扇子一本にていづかたにも心易《やすき》ものをや

礼装は羽織袴でよいし、平和な時代に、使いもしない脇差を帯びる必要はないと、

彼は「丸腰」を通した。如見はこれに「是程《これほど》に道理の埒《らち》は明《あけ》がたき物なれば、せめて町人は短き脇指にて、大脇指はやめたきものなり」とのコメントを述べている。如見は、周囲と異なる価値観で行動した「町人何がし」を見習えとはいわない。差すのを止めるのはやっぱり極端だが、せめて短いのを差そう、と促している。町人一般は、脇差を「礼儀」として差す習慣に従ったのであり、「一生脇指をさす事なし」という町人が例外的でなければ、この話は成り立つまい。どうやら平和な時代が定着してきた十八世紀半ばあたりから、常に差すことは次第に減少し、礼装としての使用に限られていったと推測される。

吉事や凶事、そして旅など、特別な時に脇差を帯びることは、明治まで続いた。

年始と婚礼

吉事とは、年始と婚礼とが代表的なものである。江戸時代の正月は、年始の挨拶回りを行うのが一般の習慣であった。そのとき百姓・町人は、正装（麻上下や羽織）で、脇差を差した。例えば江戸の富裕な町人の場合、「主人、黒羽二重《はぶたえ》紋付小袖・麻上下・白足袋・雪駄をはき、小刀〔脇差〕一腰、蒔絵の印籠は、その好みをつくして粋と美をかねしめ」（『絵本江戸風俗往来』）といった姿であったという。

このほか一般町人でも、麻上下に脇差というスタイルが、標準的な年始の正装だったことは、『年中行事大成』（文化三年〈一八〇六〉刊）、『東都歳時記』（天保九年〈一八三八〉刊）その他版本の挿画などでも多く描かれていることからも知れる（図22）。このほか婚礼のときも、先の喜多川守貞が述べていた通り、新郎や、婚礼行列の参列者などが脇差を差した（図23・24）。また神事などで正装する場合も、やはり年礼同様に、裃に脇差を差すのが通例であった（図25）。なお、絵画資料に乏しい百姓についても、後述の関東郡代の証言から、町人同様、吉凶と旅行時に差したことがわかる。

図22　町家の年礼　文化3年（1806）刊『年中行事大成』（早稲田大学図書館所蔵）より

葬式

凶事とは、葬礼のことである（図26）。この場合の脇差は、吉事とは異なる特徴がある。『徳川盛世録《とくがわせいせいろく》』によると「（葬列の際）町人・百姓等にては大抵《たいてい》位牌・香炉持《こうろもち》と喪主・会葬人等、羽織袴を著し一刀を帯す。しかしてその喪主は、編笠を頂く。

図23　婚礼　享和2年（1802）刊『絵本東土産　二編』（早稲田大学図書館所蔵）より

図24　婚礼行列　元禄5年（1692）刊『世間胸算用』（早稲田大学図書館所蔵）より
元禄前期であるので，脇差はかなり長く，「棒の様な刀」と同形状である．

喪主・会葬人等、一刀を帯するものは、その柄《つか》を白紙にて包み、小より《紙縒》をもってこれを結び留む」とみえており、葬式の際には、白紙で脇差の柄を包む習慣があった。

伊勢貞丈はこれについて、「（室町時代など古い習俗では）葬礼の供の人のさす腰刀〈原注・短く鍔なき刀の事なり〉をば、白絹の袋に入るるなり（中略）今世江戸にて、武家にはこの事なし。町人の葬礼には、脇差の柄を白紙にて包みてさすは、かの絹の袋に入るる余風の残り伝わりたるなるべし〈今世、町人の刀の柄を白紙にて巻くを笑う人あれども、古風の残りたるなり〉」（『貞丈雑記』）といい、古い習俗の名残だとされている。

図25　祭礼における正装　天明７年（1787）刊『拾遺都名所図会』（国立国会図書館所蔵）より
祇園祭の稚児の参詣行列で，先導する町人たち．麻上下に脇差を帯びて礼装している．裃はやや古い形状である．

道中差し　旅行時の脇差を、俗に「道中差し」とい

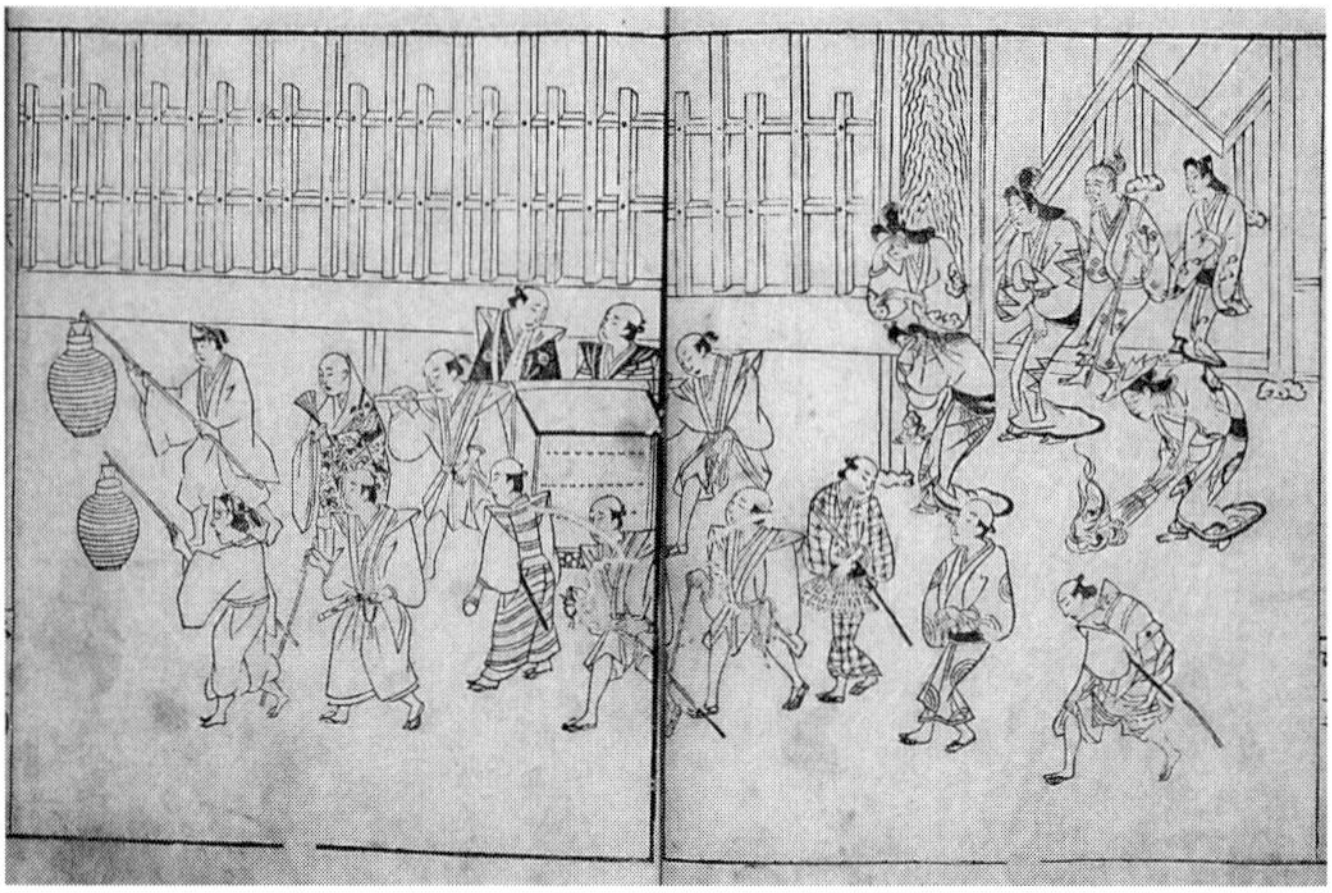

図26　葬列での脇差　貞享元年（1684）刊『諸艶大鑑』（早稲田大学図書館所蔵）より
絵では白紙で柄を包んでいないようである.

った（プロローグの図2）。道中差しは本来護身目的であるが、天下泰平の時代、単なる慣習として差す、旅のファッションとも化した。

例えば、『東海道中膝栗毛』には、登場人物が身に付ける脇差が竹光《たけみつ》（竹を削って作った偽物の刀身が入っている）であることを笑うネタがいくつかみられる。主人公の一人である喜多八《きたはち》の脇差も、実は竹光である。彼は舞坂の乗合《のりあい》船で脇差を川に落とし、竹光ゆえにぷかぷかと川面を流れた。同乗者たちから、「わきざしのながれるのを、はじめて見申た」と笑われている（同書三篇下）。また道中差しには、外見は脇差だが、実は刀身がなく、代わりに貨幣を隠せるようになった隠し財布も作られており、多く現存している（銭刀《ぜにがたな》などという）。

郊外に遊山に出る町人も、脇差を帯びた姿で描かれていることが多い。これもいわば日帰りの旅の、道中差しといえよう。脇差の形をした水筒（酒を容れるもの）も現存しており、こうした遊山で差したものであろう。脇差は、本来の用途から離れ、ファッションや慣習的な道具とも化したのである。

幕府の脇差認識

幕府は町人や百姓の脇差について、どのように理解していたのだろうか。

享保五年六月、江戸町年寄樽屋藤左衛門は、幕府から「町人の脇差は、どういう格好の者から差すのか。勝手次第なのか」との下問をうけた（下問の経緯は次章で後述）。樽屋はこれに対し「別にどんな格好の者から差す、といった規定はありません。「古来より何之差別も無御座《ござなく》、勝手次第」に差しております。しかし「軽キ者」（下層の町人）は、昼のうちはおおかた差しておりません。夜中に外出する際などは差す事があります」と答えている。

寛政三年（一七九一）四月、備後福山藩主阿部伊勢守（正倫《まさとも》）は、関東郡代伊奈半左衛

門に対し、「百姓は、吉・凶事や旅行の時、脇差を帯びてもよいのか。百姓が脇差を帯びることは、どういう訳があるのか。わからないので、内々に教えてほしい」と問い合わせた。伊奈は「惣而《そうじて》百姓共《ども》脇差帯《おび》候義、重《おもき》吉凶事《きっきょうごと》、旅行等之節、帯《おび》候義不苦《くるしからず》候」と答えている。つまり、どんな百姓でも、吉凶事や旅行で脇差を帯びることは、全く構わないという認識である。しかし伊奈は「平日帯候義」（日常的に脇差を帯びること）は「斟酌」すべき（遠慮すべき）との意見も述べている。町人や百姓らが日常的に脇差を帯びる習慣は、十八世紀末までに、おおよそなくなっていた。

許可もなく、禁止もない

安永二年（一七七三）、野州飯野村にて、徘徊していた無宿久次なる不審者が捕縛された。脇差を指して徘徊していたという。評定所は彼の処罰を評議し、幕府の司法法典である『公事方御定書』（寛保二年〈一七四二〉成立、のち追加あり）には「許可なく帯刀した百姓・町人は、刀・脇差を取上、軽追放」という規定があるが、それは「刀」を帯びた場合の「御定」だから適用できない、そもそも「脇差を為帯《おびさせ》申《もうす》間敷《まじき》旨《むね》之《の》御定《おさだめ》は無御座《ござなし》」、つまり脇差を帯びてはいけないという、幕府の法律はない、と述べている。結局この無宿は、脇差取り上げのうえ、門前払という、ごく軽い処分で済まされている。

天保四年（一八三三）に処罰された「武州樋口村八十吉《やそきち》悴《せがれ》豊吉《とよきち》、博奕《ばくち》其外《そのほか》悪事いたし候一件」でも、脇差に関する幕府の認識が見える。これは捕縛役人が博奕の現場に踏み込んだとき、豊吉が懐中の合口《あいくち》を抜き抵抗した事件であった。評定所は、この事件の評議において、過去の判例における「町人・百姓ハ、脇差を帯申間敷《おびもうすまじき》と之定《のさだめ》も無之《これなき》儀ニ付、非常又ハ旅行いたし候節、帯候ハ勿論之儀ニ候得共《そうらえども》、是以《ここをもつて》右脇差を力にいたし、及悪事《あくじにおよび》候ものハ、矢張《やはり》戌年之御書付ニ見合《みあわせ》、御仕置申付候積」との判断を参考にしていた。それはつまり、百姓・町人が脇差を帯びてはいけないという規定はなく、非常（非日常。つまり吉凶など）や旅行では帯びるのが当然である。しかしそれを使って悪事をなしたものは、長脇差を禁じた「戌年」の規定（文政九年令。後述）が適用される、という判断であった（豊吉は死罪となっている）。

百姓・町人の脇差には、禁止の「御定」はない。それが幕府の認識であった。庶民の脇差には、許可も禁止もなく、風俗のあるがままにまかせられていたのである。

公的場面の脇差御免

十八世紀より、「脇差御免」という褒賞（次章参照）が、褒賞制度のなかで設定され、機能している地域もある。例えば延岡《のべおか》藩は、百姓・町人が献金によって、武士身分などを得ることが可能であり、その第一階梯が、銀一〇〇目の献金で得られる「脇差御免」であった。その後段階を踏んで銀五〇〇目で「苗字・刀御免」、銀一貫目で「郡中村横目格」になれる、といった規定であったという。また天保三年五月、幕府勘定所は幕府領の代官たちに対し「これまでの仕来りで、庄屋たちに、代官の裁量（「手限《てぎり》」）で袴・脇差を免許しているとのことだが、幕府から褒賞を受けた者ともまぎらわしいので、以後手限でこうした取り計らいを禁じる」と通達しており、代官たちも百姓に「脇差御免」を行っていたらしい。

こうした「脇差御免」とは、役所への挨拶など、公式の場で、脇差を帯びて出頭することを許可される、身分格式である。正確に言えば、「公的場面で脇差を帯びる免許」である。私的な場面での脇差は、前述の通り幕府に「御定」がなく、基本は随意であった。

それは広瀬淡窓《ひろせたんそう》が『迂言《うげん》』（天保十一年〈一八四〇〉成立）において、「（庶民は）私ニ羽織袴・脇指《わきざし》・苗字迄ハ勝手次第ニ之《これ》ヲ用ヒ、タヾ官府《かんぷ》ニ出ル時ノミ法ノ通リニスルナリ、凡《およそ》庶人ハ官府ニ至ルコト至ツテ少シ、人ニヨリテハ生涯足踏《あしふみ》セザルモノアリ、其処《そのところ》ニ格ヲ立タリトテ、何ノ用ニモ立タズ」等と述べていることからも窺える。一般庶民も普段の私用では、羽織袴・苗字・脇差も、全く自由に用いている。ただ「官府」（役所）に出向いたときだけ、そこに設定されている「格」（身分格式）の「法」に従い、これらを用いないだけのことなのである。苗字御免や脇差御免などの格式免許は、あくまで役所など公の場で、その格式を顕示できる者と、一般庶民との差異を示しえるものでしかない。故に広瀬淡窓は『迂言』において、「一般庶民は、役所に出頭する機会自体がほとんどない。日常そんな場所だけに格式の差異が存在しても、日常の秩序形成には全く役に立たない。日常の場面でも、勝手に羽織袴・苗字・脇差を用いたら罰し、免許者と一般庶民の区別が付くようにすべきだ」と、強く提言したのであった。それは「御免」の有無によらず、百姓・町人の「私用」の脇差が、全く「勝手次第」であった現実の証左でもある。私用で「勝手次第」たりえないものは、あくまで「帯刀」だけなのである。

長脇差の禁止

江戸時代後期、幕府は長脇差とよばれるものだけは、強い態度で禁止した。

発端は、安永・天明期（一七七二～八九）、通人《つうじん》とよばれる町人たちが、好んで長脇差を差し始めたことにある。彼らは遊郭などで「通《つう》」ともてはやされ、流行の最先端と認識されていた。こうした女郎買いの風俗を説明した『当世風俗通』（安永二年刊）では、そのファッションを、①「極上之息子風」、②「上之息子風」、③「中之息子風」、④「下之息子風」に分けて解説している（図27）。

これをみると①は「長さ弐尺七八寸」の「短刀《わきざし》」で「身ハほそくそりたるを能《よ》しとす」と説かれ、②でも、「短刀《わきざし》」は「細くして鍋づるのミヽにそりたるを能しとす」と解説され、同様の長い脇差を帯びたことがわかる。同書は「短刀」と書いて「わきざし」と振り

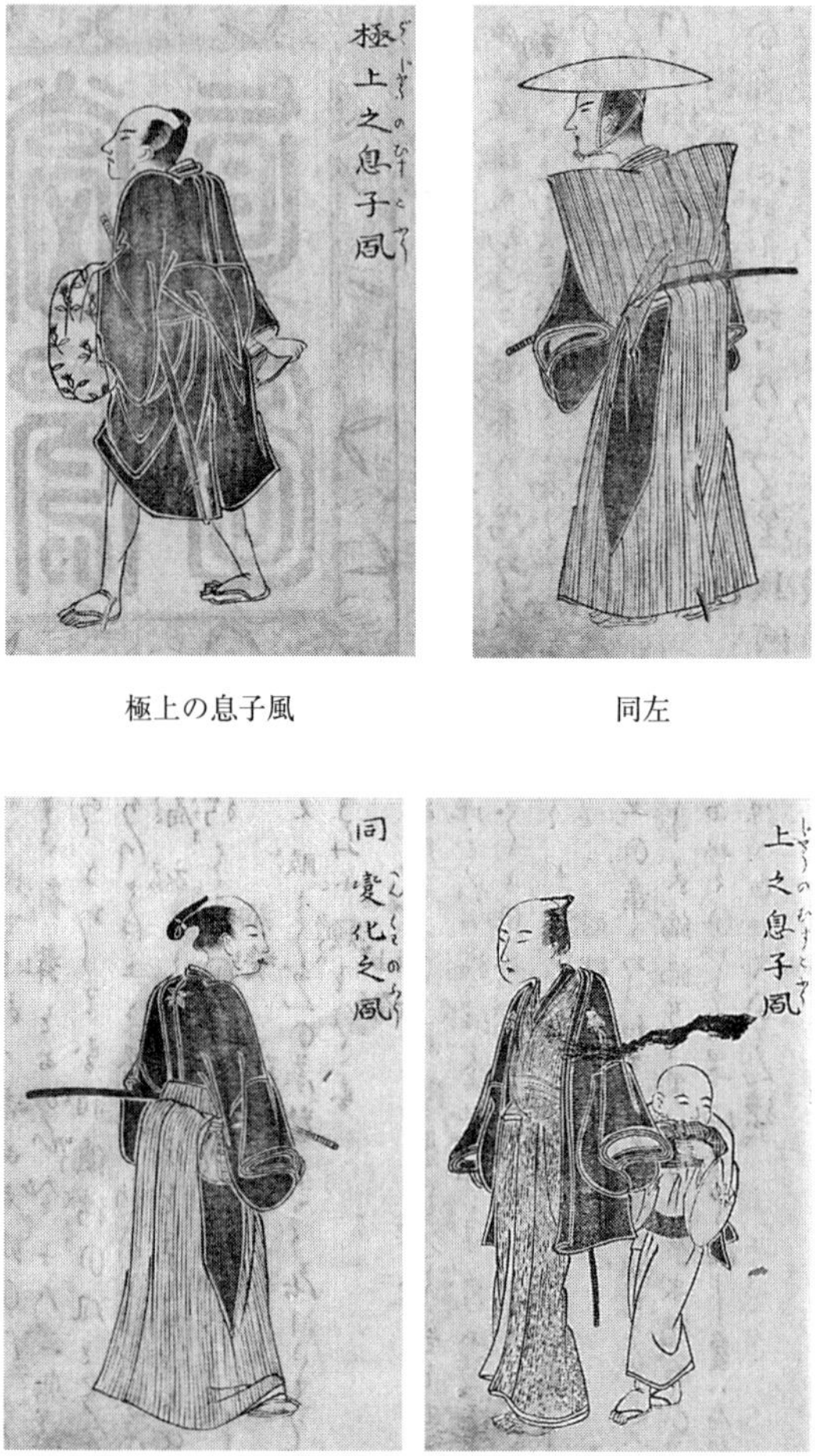

極上の息子風　同左
同上・変化の風　上の息子風

図27　通人の脇差　安永2年（1773）刊『当世風俗通』（国立国会図書館所蔵）より

仮名をふっているが、全然短くない。しかしそれが、当時の「脇差」認識なのである。また③④は脇差を帯びていない。脇差は金持のファッションとみられるようになっていた。

この通人から発した長脇差の流行は、次第に村へも伝播した。その際に、村々では、別の要素と融合し、やがて問題化していく。

寛政十年（一七九八）三月、幕府は「関東在方《ざいかた》におゐて同類をあつめ、通りものと唱《となえ》」ている無頼漢について問題視し、その取り締まりを命じた。関東の在方の「通りもの」たちは、不埒な者たちを「子分」にし、「長脇差を帯し、目立候衣服」を着て、「不届之所業」に及んでいた。そのため、以後このような風俗で徘徊した者は、発見次第、脇差や衣服を没収すると厳命したのである。なお幕府は興行などで在方を廻る相撲取りなどから、長脇差の風俗が伝播したと考えており、翌月には、角力《すもう》年寄たちに対して、こうした風俗をしないよう、取り締まりを命じている。「通りもの」とは、都市部における「通人」と同義語で、本来は流行に乗った者という意味だが、村での「通りもの」は、これ以前から関八州の在方で問題化していた、無頼漢たちと重なる部分が多かった。その結果、長脇差は、「通」なものから、博徒らが好んで用いる、無頼漢の徴《しるし》へと堕落したのである。

無頼漢による治安悪化は、年々深刻の度を増したため、文政九年（一八二六）九月、遂に幕府は、「無宿は勿論、百姓・町人等、長脇差を帯し、又は所持いたし歩行候者共ハ、向後死罪、其外重科」に処することを決定した。長脇差は差しているだけで、厳罰に処されるものになったのである。こうして善良なる百姓・町人の世界から、長脇差だけは退場した。

丸腰という虚像

百姓・町人は、脇差を帯びた。当初は常に差していたが、やがて吉凶と旅行などの際に限るようになった。このような変化は、幕府の規制によらぬ、風俗・ファッションの、時代における推移であった。脇差は「刀」「帯刀」と異なるものとして、百姓・町人の身近に存在した。「民衆」が「丸腰」だったというのは、近現代に創られた、全くの虚像である。

幕府は文政九年に長脇差を厳禁したが、脇差を帯びること自体は、最後まで制限を加えなかった。現在この状態を「脇差だけ許されていた」と表現することがあるが、それは正しくない。この表現の裏には「危険な凶器である刀剣の佩用には、権力の「許可」が絶対に必要なはずだ」と考える、現代人の勝手な意識・価値観がある。このような脇差への誤った認識もまた、明治九年の廃刀令が大きな起点なのだが、それは本書の最後で明らかになる。

身分標識としての帯刀

「帯刀人」の登場

非常帯刀の登場──京都の帯刀改

徘徊する「まきらハしきもの」

天和三年（一六八三）から八年が経った元禄四年（一六九一）頃、京都では、刀を帯びた「まきらハしきもの」たちの徘徊が、目につき始めた。京都町奉行所は、奉公人や浪人が京都の町に住む場合、これを申請させて把握していた。この「まきらハしきもの」は、その把握洩れか、それ以外の者たちに違いなかった。

同年八月、京都町奉行所は、町や村に対して、そこに居住する「奉公人」が具体的に「誰殿御家来」なのか、「浪人」も「誰殿浪人」なのか、その調査・届け出を命じた。十一月には、寺社・浪人・儒医《じゅい》・検校《けんぎょう》などが召抱え、刀を帯びさせている若党のうち、主人とは別の町・村の家に住居しているものについて、主人から届出させるよう命じている。しかし調査を進めていくうちに、徘徊する「まきらハしきもの」たちの正体が、町人でありながら、公家の家来や、朝廷に奉仕する地下官人《じげかんじん》（当時は「地下役人《じげやくにん》」と呼ばれることが多い）を兼ねて、刀を帯びている者たちであることが判明してくる。彼らは、間違いなく、京都町奉行所が支配する町人である。しかし一方では、公家の「家来」になり、あるいは地下官人に任命されていたのである。彼らは町人でありつつ、同時に公家家来や地下官人でもあるという、異なる身分を兼業している者たちであった。

朝廷と公家の事情

この兼業の背景には、朝廷や公家側の事情がある。朝廷や公家は財政的に余裕がなく、恒常的な俸禄を払って、官人や家来を常時抱えておくことができない。しかし恒例の朝廷儀式などでは、一定の人員が必要となる。その都度、不特定の人間を雇うのは、儀式の安定的な運営上心もとない。やはり特定の人物を任命し、確保しておきたい。そこで儀式など、必要な時のみ勤務させ、その手当を支給する方法をとっていたのである。

特に江戸時代の地下官人は、古代同様に位階・官職などを、地位・格式の証明として帯びることもあるが、完全に朝廷儀式の運営要員と化している。天皇の日常生活のため役所に出勤し、奉仕しているわけではない。そういう実務は、口向《くちむき》役人とよばれる組織が、別に存在しているのである。そのため多くの地下官人は、他の仕事で収入を得ない限り、生活できない。比較的上級の官人は、公家に用人や雑掌として勤務したり、口向役人を兼務するなどした。しかし下級の者は、町人として、商売などによって生計を立てていたのである。それは町人が官人なのか、官人が町人なのか。実のところ、かなり曖昧である。しかし幕府からみれば、それは、あくまで自らの支配にある町人が、朝廷では官人を兼ねているという状態でしかない。

　幕府が彼等に対して「町人なんだから刀を差すな」と命じ、地下官人としての身分を認めないとなれば、朝廷は大いに困ってしまう。朝廷側の事情も汲んでやらねばならない。禁止も、許可もできない。しかし彼らの帯刀は放置できない。時の京都所司代は、判断を迫られた。

用事の時だけ差せ

　同十一月、京都所司代が京都町奉行に命じた方法は、この時期としては画期的な方法だった。町に住居し、下級の地下官人を兼務する町人は、「役義(儀)勤候《つとめそうろう》節計《ばかり》刀帯《かたなおび》、常《つね》之用事ニは帯刀(ママ)無之様《これなきよう》差別」を設けるとしたのである。つまり町人は、官人としての「役儀」に関するときだけ帯刀し、町人としての普段の私用では、帯刀してはならない、と命じたのである。この方法なら、「町人は原則通り、刀を帯びていない。刀を帯びている時は官人である」という、建前的な理屈で、この兼業を成り立たせることができる。かくして一人の人間が、「役儀」を果たすときは帯刀し、私的な「常之用事」では、刀を差さないという、帯刀有無の使い分けによって、いわば武士身分と町人身分とを兼業する方法が生まれた。のちに、このような特定の時間的・空間的制約付きの帯刀を「非常帯刀」、逆に常に差すことのできる帯刀を「常帯刀」などと呼ぶようになる。

常に帯びるか否か

同年十二月三日には、京都に隣接する町続《まちつづき》（行政上は村だが、都市と隣接して町家が建っている地域）や村々に対し、「町人・百姓ニテモ、刀ヲ帯シ申《もうし》候《そうろう》者」の調査が命じられた。それは①「由緒」があって、刀を常時（「常々」）帯びる者か（後述する「郷士」など）、②常には刀を帯びない（「常々ハ刀差不申《もうさず》」）が、a「地頭・主人用事之時分」や、b「祭礼等」でのみ、刀を帯びる者かを、それぞれ調査して書き出すことを命じた。この調査では、先年届け出済の「浪人衆ナト（等）」は書き出す必要なしとされ、百姓・町人身分で刀を帯びる者に、調査の対象が絞られている。村での帯刀が禁止されることなく、存在し続けていたことも知れよう。

　ここで重要なことは、刀を帯びることが「常」であるか否か、つまり常帯刀か非常帯刀かに着目して調査され、そして非常帯刀の場合も、a・b二種の区別がなされたことである。aは領主などから用事を命じられたときだけ、刀を差した者たちである。調査対象地域である京都近郊は、公家領・寺社領・禁裏御料《ごりよう》などが混在する地域であり、百姓たちの地頭（領主）・主人とは、主に公家や寺社である。彼らは領民に、用事がある時だけ、帯刀させて、自らに奉仕せしめていたのである。bは、後に「神事帯刀」とよばれるもので、村の神事祭礼の時だけ刀を差す者たちである。それはかつて、村のハレの場において、村の重立《おもだち》たちが、正装として刀を帯びた習俗の名残であろう。

　これをうけて同年十二月、山城国乙訓《おとくに》郡井ノ内村が申告した内容を見よう。同村は三〇〇石余りの村で、五人の公家領主による相給（複数の領主が支配すること）であった。この各領主に三〜六人ずつ、「侍百姓《さむらいびやくしよう》」と称する都合一八名の百姓がいた。彼らは「御本所《ごほんじよ》方（公家領主のこと）御用之時ハ、刀を指罷出《さしまかりいで》、御用相勤《あいつとめ》申候、私用之時ハ一切指《さし》不申候《もうさず》」と届け出られている（前述の②—aに該当）。同村には他に「四条殿御家来」（四条家は同村公家領主の一人）の一名もいたが、彼は村に住む公家家来で、百姓ではないことになっていた。

元禄五年の帯刀改

元禄五年二月、前年の調査などを基にして、京都の町々、および在方に対し、浪人や百姓・町人の帯刀を規定する触書が出された。百姓に関する帯刀規定の要点をあげよう。①村の神事の際、前々から刀を帯びてきた百姓は、届け出なしで構わない。しかし濫《みだ》りに刀を帯びないようにせよ。②地頭（領主）がその領民である百姓に「地頭用事」を申しつけ、その時だけ帯刀させることは、町奉行所に申請せずともよい。但し私用での帯刀はしないようにせよ。この①②は、ともに「一日限」であることが想定されていた。③領主から庄屋に任命された百姓のなかには、「主人」がいると称して「平常刀帯もの」がいるが、これは禁止する。④年頭・八朔《はっさく》・五節句の式日等で刀を帯びることは「私用」であるので「無用」とせよ（「私用」での帯刀厳禁）。つまり庄屋を含め、百姓が私用で刀を差すことや、常帯刀することは禁止されたが、百姓の「地頭用事」と村の「神事」における非常帯刀は、京都町奉行所に申告する必要もなしで認められたのである。

このほか、町人に関わるものを挙げよう。①足軽・若党などとして町に借宅して奉公する場合、一か月までは無届でもよいが、二か月を超える分は申請せよ、②日雇いの者に、その日だけ刀を差させるのはかまわない。③神人《じにん》・社人《しゃにん》といわれる、神社に奉仕する者も、平常は百姓・町人である者は、「神役之時斗《ばかり》」（神事などでの役を務める場合）だけ刀を帯び「私用」では帯びてはならない（神職の帯刀については後述）。④町人の地下官人兼業は、「役義《やくぎ》勤《つとめ》候節はかり刀帯し、平常堅《かたく》停止《ちょうじ》」せよ。この④は、先に述べた通りである。

禁止されたものたち

町人が武家や公家の家来、あるいは儒医を兼業する存在形態については、同令で明確に禁じられた。町人の地下官人兼業や百姓の非常帯刀は認められていたのに、何故、これらが同じ方法で認められなかったか。その理由を理解するためには、この帯刀改《あらため》が、京都の町中で「刀を指して徘徊している、まぎらわしきもの」への対応に端を発していたことを、思い出さなくてはならない。天和三年令の成果は、都市部において、武士と町人とを、帯刀の有無で明確に識別できるようにしたことであった。故にそれを混乱させる「まぎらハしきもの」の排除こそが、この帯刀改の最大の目的であった。

同令は、公家や武家が「家来」を町に居住させる場合、主人から届出ることを命じた。一方で「家頼《けらい》分与《と》申之《これをもうし》、不慥《たしかならざる》もの多《おおく》候間、家来与《と》定《さだむ》る者之外《のほか》、刀停止《ちょうじ》之事」と命じている（家頼と家来は同義）。つまり町人が、「家頼分」と称する勤務実態のない、名目だけの家来となって刀を帯びることを禁じ、専業の「家来」だけ認めるとしたのである。

この「家頼分」は、普段町人でありながら、公家の家来だと称することで、日常的に刀を帯びて徘徊した。しかもこれを理由に、居住する町の役を務めないという、問題も引き起こしていた。どうやら背景には、帯刀の身分標識としての高まりのもと、それを公家等の「家頼分」となることで獲得する、町人側の思惑もあったとみられる。彼等こそが、天和三年令の成果を台無しにする「まきらハしきもの」の主犯であり、除去すべき対象だったのである。

百姓の地頭用向だけの非常帯刀は、領主が領民に対して許可したもので、すべて領主の裁量の範囲内である。しかし京都町人は、幕府直轄都市の住民である。それを公家や他大名が、家来分などにすることは、幕府の支配（管轄）と重複・衝突する。江戸時代の支配は、それぞれの管轄対象・地域ごとの支配の貫徹が希求され、一人が複数の支配に入ることは、支配系統の衝突、混乱を生むため、原則としては認められないのである。

町人による地下官人や社人等の兼務は、「役儀」と「私用」における帯刀有無の使い分けで認めていたが、これも本来なら、禁止すべき行為である。しかし朝廷側などへの現実的配慮もあって、この妥協的方法がとられたのである。それに、彼等の場合は、特定の儀式や行事の日だけ、「一日限」の帯刀が時々発生するだけである。「家頼分」のように、日常的に帯刀して、専業の武士や諸家の家来と入り混じる事態は起こらない。そういう点から、妥協的に認められたのであろう。なお、地下官人はその本来の「役儀」、つまり朝廷儀式では、古式の装束を着用するため、実は本当の「役儀」では帯刀しない。実際に武士の様に刀・脇差を帯び、裃や羽織袴姿で帯刀するのは、その儀式へ向かう途上や、地下官人の上司や公家、御所などへ、挨拶に出向く場合などに限られていた。

なお、京都ではこの元禄五年以後、帯刀改が幕末まで不定期に行われ続けた。さらに宝暦期（一七五一〜六四）より、帯刀人《たいとうにん》の「品替り」、即ち引っ越しや改名、死亡、代替わりの場合は、町奉行所への申告も命じられるようになるなど、次第に管理が厳格になっていく。町の帯刀人改については、弘化二年（一八四五）以降、毎年「帯刀人改帳」を提出することが義務付けられた（村はその後も不定期であった）。

京都町奉行所の「郷士」

元禄五年令により、百姓の常帯刀は厳しく禁止されたが、「先祖より刀帯《かたなおび》来《きたり》候《そうろう》百姓」ともいわれた、「郷侍」（「郷士」ともいう）については、「常」に帯刀する者として認められ、異なる措置が取られた。一般的に「郷士」は、村に住む武士とイメージされがちだが、京都町奉行所の規定する「郷士」は、全く異なるものである。

京都町奉行所の公認した郷士とは、その「由緒」の申告と旦那寺の保証、居住する村の庄屋・年寄の合意による申請を条件として、帯刀を許可された「百姓」個人のことを指す。郷士として帯刀できるのは、その当主本人一人（「其身壱人《そのみいちにん》」）に制限され、その家族は百姓として扱われ、嫡子といえども帯刀できない。当主個人は郷士でも、忰そのほかの家族は、全員百姓である。郷士は個人の身分格式であり、家の格式ではない。また庄屋に就任してしまうと、郷士としての帯刀は、庄屋在任中、停止される規則になっていた（百姓は庄屋をふくめ、すべて常帯刀禁止であるため）。京都町奉行所の規定する郷士は、軍役はもちろん、誰かに奉仕する義務を一切負っていない。常帯刀の格式だが、実際は村が制約を加えており、ハレの場以外ではほとんど帯刀できないこともあった。

帯刀人という総称

元禄五年の京都の帯刀改は、百姓・町人が常帯刀になる事態や「私用」で帯刀することを厳しく禁じた。しかし短期・限定的な非常帯刀は、特に申請すら求めなかった。偏に天和三年令の成果を維持することが、この時の目的だったからである。

こうして、特定の時間と空間に限って帯刀する、百姓・町人が生まれた。非常帯刀は、京都の特殊な事情によって、妥協的な判断で許容されたものであった。この方法は、今日の前で帯刀している人間が、常に帯刀する歴然たる武士か、「役儀」の時だけ帯刀した町人・百姓なのか、その外見だけでは、区別することを困難にしてしまう。この時点では、そのような混乱が生じないよう、町人の「家頼分」化は禁止されるなど、そこに留意した措置が講じられた。しかしこの非常帯刀という方法の登場こそが、天和三年令という、もともと堅固でもない脆《もろ》い堤《つつみ》に生じた、蟻の一穴に他ならなかったのである。

やがて、武士を含め、帯刀する者全般を差して、「帯刀人」という用語が使用されるようになるが、それは「帯刀」が武士だけのものになりえなかった、端的な証左でもある。

天和三年令の弛緩

鈴木修理《しゅり》（長常《ながつね》）を覚えているだろうか。天和三年（一六八三）の禁止後も刀を差し続け、閉門に処されてしまった、あの男である。長常は刀を禁じられた翌年に役を退き、息子の鈴木長兵衛《ちょうべえ》（長頼《ながより》）が大工頭の任を継いでいた。

鈴木長頼の大願

一方、同じ大工頭であった木原内匠《たくみ》（重弘《しげひろ》）は、元禄三年（一六九〇）七月に「武士」に取り立てられて「桐之間御番《きりのまごばん》」を命じられた（この頃に兵三郎と改名）。桐之間御番とは、徳川綱吉が猿楽師などから、「器量のよき若き男」を取り立てた新たな部署で、男色の相手であったともいわれる。幸か不幸か知り得ないが、木原はこれで、刀を差せる「武士」

となっていた。ただし当時の重弘は五〇歳位であり、「若き男」とはいいがたい。重弘は翌年閏八月、御小納戸《おこなんど》（これも将軍に近侍する部署）に転じて、同月に重弘の息子木原七郎《しちろ》兵衛《べえ》（清白《きよあき》）が桐之間御番となった。綱吉への近侍は、その勘気を被って処罰をうけることが少なからずあり、嫌がったものが多いという。しかし重弘は、元禄五年中に蔵米三〇〇俵を加増、布衣《ほい》（旗本の格式の一つ）となり、のち蔵米を知行に加えられて、都合一〇五〇石を領している。木原父子は綱吉に気に入られて出世し、側仕えを無事に果たした。

話を鈴木に元に戻そう。元禄十年四月二十三日、長頼は若年寄秋元但馬守《たじまのかみ》（喬朝）・米倉丹後守《たんごのかみ》（昌忠）から登城を命じられた。ただし登城前に両人は退出したため、上司の作事奉行小幡三郎左衛門から、次のような仰渡しを伝えられた。「以前、帯刀を禁止した判断は間違いであった。「刀御停止」は解除する。今後大工頭とその被官・勘定役までは、前々の如く、刀を帯びるように」。この仰渡しは、冒頭に「御奉公勤方之筋《すじ》、御了簡違ひ被成《なされ》候」との文言があり、以前鈴木を帯刀禁止にしたことを間違いだと認めた上で、申し渡している。

鈴木に対する突然の再許可は、一体どういうことだろうか。翌月二十二日に、小幡が鈴木への手紙で「年来之大願相叶《あいかない》、刀御免之儀、難有事候《ありがたきことにそうろう》」と祝辞を述べていることを考えれば、鈴木側が希望し、水面下で交渉し続けた結果であることは疑いない。

また木原氏は、もと鈴木氏を称した家で、鈴木修理家とは同族であるらしい。そのためか、重弘は長頼の養女を妻に迎えており、重弘の次男長範は、長頼の養子となっている。「刀御免」の背景には、綱吉のお気に入りとなっていた木原父子の影響も考えられよう。

鈴木に続け

天和三年に刀を差すことを禁じられていた、同じく作事奉行支配の京都大工頭中井主水《もんど》も、同じ頃に刀を帯びることの許可を願い出ていた。これには京都町奉行も協力して願書を出している。その冒頭には「中井主水、刀之義、前々申上候通、何とぞ御免被下《くだされ》候様ニ奉願《ねがいたてまつり》候、此度《こたび》鈴木長兵衛、御被官・勘定役之者、刀御免之由及承《うけたまわりおよび》候」とみえる。中井が以前から「刀」御免を願い出ていたこと、および鈴木への帯刀許可を引き合いに出し、許可を求めていることがわかる。願書では、先祖が徳川家康に奉公したことなどの由緒が述べられ、そのような「格式」だから「刀」の御免を願うと述べている。

元禄十一年十一月七日、この願いが聞き届けられ、中井は二十人扶持が加増されるとともに、「刀御免」となった。その理由は「常々御奉公、情出相勤付而《せいいだしあいつとむるにつきて》」とされており、中井の勤功にみあう「格式」として、「刀」を差すことが許されたのである。

その後、同十三年七月には、天和三年に帯刀を禁じられた長崎地役人のうち、長崎町年寄高木彦右衛門に帯刀が許可された。また天和三年令で帯刀禁止された角倉《すみのくら》氏の一族の一人で、嵯峨川高瀬舟支配を勤めた角倉甚平《じんべい》も、元禄十四年十月、帯刀が許可されている。鈴木への許可を嚆矢に、帯刀再許可が発生しつつあった。これらの帯刀が許可された理由には、第一に本人たちからの「刀を差したい」という要求があるが、実は後に述べるような、支配側の事情も作用している。

しかし同様の希望を、なし崩し的に許可してしまったら、結局元の木阿弥である。どこかで線引きが必要だが、帯刀の許可と不許可という、二者択一の判断では難しくなってきた。そんなとき、どんな妥協的方法があるか。我々はもう、その答えを知っている。非常帯刀、である。

加賀藩「御大工」たちの復権

天和三年に帯刀を禁止されていた加賀藩御大工は、幕府大工頭らの帯刀が復活したとの情報を得た。そこで元禄十三年、彼等は藩に帯刀の許可を願い出た。

この願は許可されなかったが、同藩御大工は、宝永四年（一七〇七）・正徳四・五年（一七一四・一五）の三度、京都へ派遣された際、刀を差したいと願い出たときには、京都での御用中のみ帯刀が許可された（帰国後の帯刀は許可されず）。また正徳元年に「御守殿詰《ごしゅでん》入大工」（ここでの御守殿は、徳川綱吉の養女として加賀藩前田吉徳《よしのり》に嫁した松姫の住居のこと）は、江戸でのみ刀を帯びるようになり、享保期（一七一六〜三六）になると、御大工や御扶持方大工も江戸までの「道中等」では帯刀するようになっていた。たびたびの要求に対し、時間と空間を制限した、非常帯刀のような許可がなされたのである。

享保五年（一七二〇）九月、同藩御大工頭安田八郎右衛門の養子庄八郎を「御大工並」として出仕させるにあたり、彼に帯刀させることの是非をめぐり混乱が生じた。すでに幕府では大工頭には許可されているけれども、配下の一般御大工は刀を差していなかった。どうやらこの時点での加賀藩も、大工頭は差せるが、御大工一般は差せなかったらしい。

同藩は当時の幕府や諸大名の「御大工」たちの帯刀状況を調査している（表2）。大藩の情報をかなり集めたようだが、そもそも家臣団構成の違いもあって区々であったことから、判断の上で、あまり参考にならなかったらしい。結局同藩は、庄八郎にも同藩「御大工」が当時「道中仕候節」のみ帯刀している「只今迄之通」として処理した。

許可への主張

その後、享保十一年六月、またも同藩御大工らは、天和三年以前のように帯刀したいと願い出た。これまでの経緯が整理・主張されるなか、彼

表2　幕府・諸藩御大工の帯刀状況（享保5年頃）

事　例	内　　容
幕　府	「御大工頭并見習」や「御被官大工組頭・御被官大工」は，いずれも切米・扶持を受けて帯刀する．しかし「御手大工并棟梁」は，切米・扶持を受けるが帯刀はしない．
会津藩	「御扶持人大工」は，足軽であるので帯刀している．
鳥取藩	「棟梁之者」は，「他国道中仕候節」のみ帯刀する．「御扶持人大工并御扶持人」等は，扶持を受けていても帯刀しない．
広島藩	「御大工頭」は，知行取の「侍之列」であるので帯刀する．しかしそれ以下の「棟梁」などは帯刀しない．
薩摩藩	「御扶持被下候大工」は帯刀している．
仙台藩	「御扶持人之大工」は帯刀していない．
岡山藩	「大工頭」は「番頭之者」であるので帯刀する．しかしそれ以下は帯刀していない．
熊本藩	「御家中大工棟梁」をはじめ，全て帯刀していない．

出典：「典制彙纂 雑下」（藩法研究会編『藩法集4　金沢藩』〈創文社，1963年〉）

らは、何故帯刀したいのか、その帯刀を正当化するため、ある理由を語りはじめる。

御大工たちは、藩内・江戸詰の御大工とも帯刀していないために、御用での地所の見廻りや修復御用等で町大工に下知をする場合、外見が「町大工並《なみ》ニ相見、御《お》縮《しまり》方《かた》ニも不宜《よろしからず》」と主張した。つまり、帯刀していないため、見た目が町の大工と一緒であり、これでは一般大工に指示をしたりする「御縮方《おしまりかた》」（取締方の意）のためよくない、だから御大工は「先年（天和三）之通」、今後は「常《つねに》刀指申様ニ《かたなさしもうすように》」すべきだというのである。

御大工が刀を差したいのは、「刀」を差さないと、役人に見えない、要するに、下の者からナメられる、という理由であった。帯刀することで、人に指示する立場の人間だと、外見でわかるようにする。役威（役人としての威光）を外見で示すことが、取り締まりのためには必要なのだ、という主張であった。もちろん、刀を使用することは念頭にない。あくまで帯刀した外見そのものの効果をいっている。

この主張を受け、同藩では御大工帯刀の可否をめぐり評議がなされた。評議では、御大工が材木御用等で屋敷外へ出る際、足軽などを随従させるが、「従えている足軽は刀をさしているのに、その上に立って指示をする者が、刀をさしていないというのは、如何なものだろうか」「刀を帯びていたら、手先のものに何か御用を命じるときにも、都合がよい」などと、帯刀させた場合の「指引《さしひき》」（配下への指示など）・「御縮方」上の効果に言及された。

反対派の危惧

役威としての効果に着目して、許容を是とするこれらの主張に対し、当然反対の意見も唱えられた。そもそも、以前安田庄八郎に帯刀許可がなかったのは「松雲院様」（先代藩主前田綱紀《つなのり》、享保九年没）が「刀帯シ候ハヽ、たかふり申（高ぶり）

儀なとも可有之哉《これあるべきや》との思召」があったからではないか、という意見である。つまり役威であり、身分標識である帯刀を許されることで、御大工が偉くなったと思い、驕慢な態度を取るようになるんじゃないか。帯刀を許可された者たちが「たかふり」をみせる。先代綱紀公はそういうお考えで、安田に帯刀を許可されなかったのではないか——。

反対派は、先代綱紀の意向を忖度する形で、「たかふり」への危惧を唱え、身分標識である帯刀許可に慎重な態度をみせた。この危惧に対し賛成派は、御大工が上司である「作事奉行等え対したかふり可申様《もうすべきよう》も、先《まず》ハ御座有間敷《ござあるまじ》」と述べ、「たかふり」が支配側に向けられることはないと否定している。

役威の効果を求める賛成派と、増長を危惧する反対派の言い分は、真っ向から対立した。しかしそこにはもう、「大工なら、武器はいらない。刀は使わないじゃないか」という、天和三年以前ならあり得そうな意見は、全く語られることはなかった。帯刀は役威であり、身分標識である。それを抜いて使うことなど、全く想定されなくなっていた。

帯刀許可の決断

評議の結果、「幕府でさえ、以前刀を差さなかった者が、今では差すようになっている。刀を差したからといって、驕慢になるとは思われない」等と判断され、今後御大工は刀を差すように申渡すと決定された。

同藩では、同年八月十日、御大工のほかに穴生（藩に仕える石工）・御扶持人石切・川除見図人等も、それぞれの支配（上司）より願がだされて、今後は刀を帯びさせるように命じられ、帯刀が許可されていった。ここでも連鎖的な許可が生じたのである。

こうして加賀藩御大工の帯刀は、①帯刀禁止（天和三年）、②京都での御用中のみ・旅行中のみの帯刀許可（宝永・正徳期）、③平常時の帯刀許可（享保十一年、いわば常帯刀）と段階的に許容された。②の旅行時の帯刀は、天和三年以前、一般町人にも可能であったものを、支配側の許可を要する一つの格式として復活させたものと位置づけられ、京都や尾張藩など他地域でも確認できるようになる。

かくして加賀藩は、帯刀という、外見上明瞭な身分標識が持つ「御縮方」の効果を優先し、「たかふり」への危惧を斥《しりぞ》け、御大工に帯刀許可を下した。ここにみられる帯刀の「御縮方」の効果と「たかふり」への危惧。この二つを廻る逡巡こそ、元禄末期に帯刀の有無という二者択一ではなく、京都御用中のみ、あるいは旅行時のみといった、非常帯刀という中間的な許可が生じてきた、一つの要因とみることができる。

帯刀と役威

幕府でも、帯刀の身分標識・役威としての効果を理由に、これを許可する動向が、同時期に見られる。享保三年五月、代官久保田佐次右衛門《さじえもん》は、幕府勘定所に対し、「足尾銅山の山師（鉱山の採掘事業を行う者）たちが、銘々の考えで活動しているので、統率が取れず、銅山のためによくない」との状況を説明し、山師の組頭から二名を「山師頭」に選定して、帯刀を許可すべきことを提案した。それは、当時不在となっていた過去の山師頭が「代々鑓《やり》幷《ならびに》刀御免」であったこと、そして「山師頭に任命しても、彼等に「品付」をしてやらないと、頭になる甲斐もないし、山師がいうことをきかないだろう」という理由が述べられ、新任の山師頭には「先格之通、刀斗《ばかり》御免」として、役料も与えるべきと述べている。

この「品付」の「品」とは、社会的な地位・身分、人との差異のことで、具体的には帯刀と役料給付という身分格式を与えることを指す。一般山師にはない身分格式・役威を与えることで、現場の一般山師を統率でき、本人もやる気が出て、銅山のためにもなる、という意見である。前述の角倉甚平も、元禄十二年に新たに伏見新船の支配を命じたのち、同十四年十月、二十人扶持を与えるのと同時に帯刀が許可されている。これも役威を付与する目的であったとみてよかろう。

非常帯刀の役威

こうした役威付与を目的とした帯刀には、役儀限定での非常帯刀許可という方法もとられるようになる。年代の明確に判明する、江戸における役儀限定帯刀許可の早期の例としては、享保七年八月、川船御用を務める鶴飛騨《つるひだ》の帯刀願いに対する対応がある。

鶴飛騨は、享保六年三月に関八州の川船改を任された大工棟梁であり、町人並の存在であった。しかし「刀さし不申《もうさず》候得は、差支《さしつかえ》候《そうろう》儀《ぎ》有之《これあり》」と主張したため、以後「役儀勤候内計《ばかり》、刀さし候」ことが許可された。ただし「役儀不相勤《あいつとめず》候節は、刀さし候儀不罷成《まかりならず》候」とも命じられており、鶴の帯刀は川船改の「役儀」のときだけに限定された。京都でみられた非常帯刀と同じ性格である。鶴のいう「差支」も、下知を行う上での「差支」であり、役威を示す必要から許可された。気性の荒い川船の水主《かこ》たちを差配する事情によるものであろう。

享保十三年正月、幕府は諸大名の手船の水主のうち、荷を積んだ船の雇い水主などに脇差を差させないように指示しつつ、「但、船頭之儀は、諸事差引等をも仕事《つかまつること》ニ候得は、雇之者にも勝手次第刀帯可申《かたなおびもうすべく》候」として、船頭は、たとえ雇いの船頭であっても、帯刀させてよいと命じられている。ここでも「諸事差引」、つまり多くの水主たちを統率する立ち場であることを示す効果が、帯刀に求められている。なお、幕府が通常の脇差まで差すなという指示した例はこれ以外にはみられない。水主たちの粗暴さに起因した措置であろう。

かくして、刀を帯びることは、人の上に立って、何かを取り締まったりする立場の人間の徴《しるし》となった。武士の標識ではない。いわば治者、役人の身分標識となったのである。

刀はゆるすことなかれ

身分標識となった「刀」を帯びたら、外見だけで役人、人に差図する立場の人間だとわかり、取り締まりに都合がよい。しかし加賀藩でも言及されていたように、帯刀許可による「たかふり」が、同時に危惧された。

帯刀を「士」以外へ付与することに反対したのが、『民間省要《みんかんせいよう》』（享保六年成立）の著作で知られる田中休愚《きゅうぐ》（丘隅）である。休愚は『民間省要』において、地方《じかた》役人を富裕な百姓より選定すべきと主張した。それは彼等が都市から出張してくる役人（いわゆる武士身分）と異なり、元来百姓であるから「刀をさし、扶持を取事なけれハ奢《おごること》事もならす、人もおそれす、おのつから邪《よこしま》をなすに力なし」とし、「刀をさし、扶持を取」る武士のように、権威を笠に来て「驕りニ長し、民間の悩ミ」になりにくいと考えたためであった。

しかし休愚は、百姓を「かゝる役ニ置共《おくとも》、刀ハゆるす事なかれ。役料ハ相応ニ給リてよし」と注意を促した。つまり百姓を地方役人に任用する場合、「相応の威をかして事をなさすんハ、下知行ハれし」として、一定の役威を帯びなければ、一般庶民を下知する際に困るから、扶持は与えてよい。しかし帯刀だけは許可するな、と警告したのである。

むしやうに誇る

この警告は、宿駅の本陣であった休愚の、切実な体験に基づいている。休愚は「農工商の三民も同し民間ニ居なから、道中へ出てハ頻《しきり》ニ士ニ似せて、むしやうに誇る事を好む心ニ成物《なるもの》なり」、「遥々の旅に刀をさして士に似せたるなと宜しからぬ事なり」と述べ、道中の「士」そのものはもちろん、旅行や役儀の時のみの非常帯刀を許可された「士に似せたる」族《やから》が、「むしやうに誇る」ことに、強い鬱憤を抱いていたのである。

休愚が念頭に置いているのは、京都の門跡や公家の従者である。その正体は、先に見たような、地頭用向のみ帯刀した百姓たちや、町人の日雇い若党等である。休愚は、「畢竟《ひっきょう》雇上下《やといじょうげ》の者共、士と成《なり》、刀・脇差をさし参候故、色々の不法共有之候《これあり》」と述べ、横暴なふるまいを行う彼らの増長ぶりが、帯刀することに起因すると分析していた。故に、地方役人に任用した百姓に帯刀させれば、彼らの様に驕り高ぶり、「民間の悩ミ」となる。経験からそう予測して、「刀ハゆるす事なかれ」と警告したのである。

しかし帯刀という身分標識・役威の付与が、支配のために効果的だという主張の前に、「驕り」「たかふり」への危惧は退けられていく。幕府をはじめとする支配側は、帯刀許可の効果と弊害との相剋、逡巡の末に、帯刀の有無という二者択一ではなく、その中間的な許可、即ち時間と場面を限定した非常帯刀を、一つの妥協点として多用しはじめた。非常帯刀は、一見便利な方法にみえた。しかしその多用は、次第に深刻な矛盾を引き起こしていく。

帯刀の特権化と整備

帯刀の褒賞化

享保期、八代将軍吉宗の時代になると、刀を差すことは、武士と、そのほか役儀などの条件つきで許された者たちだけが差せる、身分標識としての地位を次第に確立してきた。そこで幕府は、百姓・町人に対する褒賞として、帯刀許可を活用し始める。

享保五年（一七二〇）十月、幕府は、百姓・町人のうち「孝行之者」と「正直にして行跡宜《よろしく》、諸人《しょじん》之ためニも成候者《なりそうろうもの》」を表彰する規定を設けた。表彰される百姓・町人に対し、褒美として銀子を与えるほか、「刀を帯《おび》、苗字を名乗せ可申事《もうすべき》」が、褒賞の一つとして明確に規定された（表3）。人並み外れて孝行な者や正直

表3　幕府の褒賞規定

身分		褒賞額	付則
百姓	高持	銀10枚	・これまで名主同様の者：刀・苗字を許可 ・これまで脇差を帯びていない程度の者：一代脇差許可 ・高持だが困窮の者：持高に応じ年貢免除
	無高	銀20枚	・無高だが，人を召仕うほどの者は，高持同様，銀10枚 ・刀・脇差の許可は一代限り，苗字は子孫まで許可
町人		百姓と同様．ただし刀の許可はしない	

※銀１枚＝銀43匁．銀○枚は，江戸時代，贈答に際して使用された単位．
出典：『徳川禁令考　前集第五』二七九六号

な者に、「刀」を許す。もし「刀」を武器としてしかみていないなら、実に訳がわからない話になってしまう。この時期の帯刀は、特別な許可がないと着れない制服、あるいは一種の勲章を身に着けるに近いものになっている。またここにみえる脇差許可は、前述の通り公的場面での脇差許可だが、幕府が褒賞として与えた事例は、初期を除くと極めて乏しい。

褒賞規定から三か月後の翌六年正月、奥州大平村名主庄右衛門らに「銀拾枚」（右の規定通りの額）と「其身《そのみ》一代刀帯《かたなおび》、苗字名乗可申《もうすべく》候」との褒賞がなされた。庄右衛門は「常々実躰ニ而《て》公儀を重し、御年貢収納情（精）出し、百姓之為に成《なり》候事共《ことども》も有之《これあり》、奇特之者」とされ、この褒賞規定に基づく百姓への帯刀許可、第一号である。この褒賞が行われたことは、町触として広く全国に知らされたのである。

ただし、この褒賞規程では「但、町人ハ刀差免《さしめんじ》候儀ハ無用ニ候事」（銀子は百姓同様）との但書がついている。町人には、刀御免の褒賞を行わないという。百姓がよくて、町人がだめだという判断は、一体なぜであったか。

刀は褒賞たりえるか？

この褒賞規定が決定される、約四か月前のことである。享保五年六月二十日の夜、老中戸田山城守《やましろのかみ》（忠真）は、江戸町奉行大岡越前守《えちぜんのかみ》（忠相）・中山出雲守《いずものかみ》（時春）に対して、「町人たちの脇差は、どんな格好の時に差すとかいった、規定でもあるのか。また何の差別もなく、勝手に差しているのか」と問い合わせた。町奉行は町年寄樽屋藤左衛門に回答を求めた。脇差についての内容は、先に述べた通りである。このとき樽屋は、あわせて町人の「刀」が禁止された寛文八年令の経緯について、比較的正確に言及している。ただし天和三年令については、述べていなかったため、町奉行が樽屋の回答に補足の説明を加えたうえで、老中に報告している。

時期を考えれば、これは褒賞としての刀・脇差免許に関する事前調査とみるべきであろう。町人に刀が免許されなかったのは、江戸から町人の帯刀を一掃し、武士と町人との視覚的峻別を実現した天和三年令の成果が再確認され、その維持が図られたためである。

江戸の現状

刀が褒賞としての効果をもつためには、無許可の帯刀が廃絶されていることが前提である。そこにも多少の疑念が生じたのか、褒賞規程後、江戸町人の帯刀状況が調査されている。

享保六年六月、江戸町年寄の樽屋藤左衛門は、町名主の代表である年番名主に対し、「町方ニ、浪人ニ而《て》商《あきない》等《など》仕《つかまつり》なから、刀帯《かたなおび》候類《たぐい》之者」がいるかと問い合わせた。もちろん町奉行よりの指示を受けた調査であろう。年番名主は、浪人だが町人になって商売をしている者、そのほか町人にて帯刀する者について、次のように回答した。

①　田舎から侍奉公にでてきて、その後浪人となり、また侍奉公をするため、町方の親類知己のもとにいる者は、刀を帯びている。しかし身分は町人である（つまり元は百姓出身で、侍奉公をしたあと、侍奉公の就職先をみつけるために自称「浪人」として帯刀し続けている者）。

②　下座見《げざみ》の者（江戸城の番所などで、登城・往来の大名・諸役人を識別し、下座について指示を与える者。町方に居住）は、御屋敷に雇われた場合は刀を帯びるが、常々（平常時）は無刀で、他の生業を営んでいる。

③　町料理人は、伝奏御馳走方（関東に下向した武家伝奏の接待）などで御屋敷に雇われ

た場合には刀を帯びるが、「平生者無刀《へいぜいは》」、すなわち普段は刀を差さずに生業を営んでいる。御城へ罷《まか》り出る場合は、脇差のみを差している（正装としての町人の脇差）。

④　若党などに雇われる者は、普段日雇いや商売をしている。武士方より雇われたときだけ刀を帯びている。

⑤　「刀帯候《かたなおび》町人」として、深川久右衛門町一丁目治郎兵衛店《じろべえだな》の東惣治郎なる人物がいる。同人はもと和州十津川居住の「百姓」だが、「由緒」があり「少々御扶持」を与えられて幕府の「御炭御用」を達している。年番名主が把握している町人で刀を帯び、商売をしている者は、彼だけである。しかし詳細に吟味すれば、同様の人物は存在すると思う。しかしそのような人物は大抵「旅人」であり、とても把握しきれない。

江戸では京都の様な帯刀改は行われていない。しかし公務中だけ刀を帯びて出勤する形態（②～④）や、特に由緒のある存在（⑤）は、京都でも許容されていたように、問題なかった。「旅人」に関しては、この調査の目的ではなく、人別把握に関係する別の問題となる。そうなると、厄介なのは①、つまり元百姓で町人だが、いわば就職「浪人」として刀を帯びている者、である。一度でも侍奉公し、失職したら「浪人」と化す。それは浪人ではなく、勝手に刀を帯びている町人――いや、より厳密には町人でもなく、百姓の忰《せがれ》などである。刀を帯びたいのなら、この方法で誰でもさせるようになってしまう。これは、まずいのである。

百姓の帯刀禁止

この調査から二か月後の同年閏七月、幕府は村々に対し、次のように通達した。

百姓之子共《こども》を始《はじめ》、諸親類之内、軽キ侍奉公《さむらいほうこう》ニ出《いだ》し、其後《そののち》在所《ざいしょ》江《へ》引込《ひっこみ》候《そうらい》而《て》も、其《その》儘《まま》刀差《さし》候《そうろう》族《やから》も有之《これある》由《よし》相聞《あいきこえ》候《そうろう》、自今以後《じこんいご》、如此《かくのごとき》之類《たぐい》、在所江《へ》帰居《かえりおり》候ハヽ、先主より少々合力なと受候共、刀差候儀停止《ちょうじ》ニ候、若僉議《もしせんぎ》怠《おこたる》におゐてハ、名主曲事《なぬしくせごと》たるへき事

百姓の倅などが、都市部に侍奉公に出て、失職・退職し、村に帰ったあと、そのまま刀を差している者がいるとのことである。以後、在所に帰ったなら、元主人から、いくらか扶助金などをもらっている（長年仕え、退職した場合などにみられる）場合でも、刀を差すことを禁止する、という内容である。

先の年番名主の回答にあった①の存在が、念頭にあることは間違いない。都市部での就職「浪人」は、何かしらの生業を営まないと生きていけない。だから町では、就職「浪人」状態は長期に渡らないはずで、まだ許容されうる範囲である。問題は、彼らが侍奉公

を辞め、ないし就職活動を止めて、村に帰ったあとである。ちょっと侍奉公したくらいの男が、村で刀を差し続けてしまうと、帯刀の価値は、著しく低下する。褒賞としての価値や意味も、なくなりかねない。右のような禁止を通達したのは、全くこうした理由からであった。

なお、幕府が明確に百姓の帯刀を禁止した命令は、これが最初である。そのためこの通達は、後に「帯刀仕候者御制禁之儀に付御書付」という呼称で『公事方御定書』にも収録された。しかし前の経緯を考えれば、百姓への帯刀禁止令というものではない。十八世紀になっても、こんな命令をしなければならないほどに、村では、身分標識としての帯刀の地位がまだ十分確立せず、不完全な状況であったことを裏付けるものである。

「帯刀」という用語

明和七年（一七七〇）四月、徒党《ととう》・強訴《ごうそ》・逃散《ちょうさん》の訴人に対する褒賞を定めた高札が掲示された。そこでは、村で徒党などの騒動が起こりそうなとき、それを領主などに密告した百姓への褒賞として銀一〇〇枚、かつ「其《その》品《しな》により帯刀苗字も御免あるへく」と記し、また騒動が起こった際、「重《お》もに取鎮候者ハ、御褒美銀下され、帯刀苗字御免」にすると記されている。幕府によって「御免」される褒賞として、「帯刀苗字」が掲げられたのである。苗字帯刀の褒賞的価値は、ようやく十八世紀後期になって本格的に確立してきたことが知れよう。

しかし「帯刀苗字」という表記に対し、現在の感覚では「苗字帯刀」ではないのか？と思うかもしれない。しかしこれは誤記ではない。そもそも「帯刀」という用語自体が、実はこの頃になって、ようやく使用され始める用語なのである。

ここまで引用してきた史料の文言を、振り返ってみてほしい。帯刀することは、「刀差候儀」とか「刀帯之」といった言葉で表現され、「刀帯」（かたなおび・かたなたいし）、「刀差」（かたなさし、差は指・刺も用いる）という、「刀」をさす・おびるという、訓読みの表現しかなされていない。「帯刀」などとは、ほとんど誰も言っていないのである。

先に便宜上、京都の帯刀改といった。しかし享保三年頃成立の『京都御役所向大概覚書』で帯刀改について記した項目名も、「刀帯改之事」という題なのである。帯刀規制の先駆者といえる京都における町触や、同地域の帯刀願をみても、当初は「刀帯」という表記が殆んどで、享保七年以降「刀帯」が姿を消し、「帯刀」という表記に統一されていく。全国的な幕令で「帯刀」が使用されるのは、これよりも遅く、ようやく十八世紀半ばになってからである。この変化は、単なる用語の洗練ではなく、「帯刀」が身分標識として、その価値を確立させてきたことを意味するものである。なお、「帯刀」という表現が浸透した十八世紀末以降になると、「刀帯」という文言を含む過去の文書が筆写される際、「帯刀」に書き換えられている事例がかなり散見される。後の時代には、かつての「刀帯」という表現が、逆に誤記にみえるまでに、「帯刀」という用語が定着していったのである。

「帯刀」は、十八世紀半ば以降に一般化してきた新しい言葉である。脇差に加えて「刀」を差す外見を特別なものとみて、「帯刀」とよんだ歴史は、案外、浅いのである。苗字と組み合わせ「苗字帯刀」とよぶようになるのも、「帯刀」という用語の使用が定着するのと同時期、ないしそれ以降である。

ちなみに、古くから「帯刀」と書いてタチハキ・タテワキと読む用語がある。これは朝廷で東宮《とうぐう》（皇太子）の護衛を任務として太刀を佩《は》いた、帯刀舎人《たちはきのとねり》の略称で、江戸時代のタイトウとは何の関係もない。またこれの転訛した帯刀《たてわき》は、京百官名《ひやつかんな》とよばれる、人名（通称）の一種としても使われた。この場合は、本来の帯刀舎人とも一切関係がない、ただの呼名である。十八世紀の新語であるタイトウは、これらとは全く関係なく発生、成立したものである。いささか蛇足ながら、注記しておきたい。

帯刀へのまなざし

修験たちの刀

天和三年（一六八三）までの、風俗統制上の「刀」規制とは無関係に、刀を差し続けたものがあった。例えば修験（山伏）は、元禄三年（一六九〇）刊『人倫訓蒙図彙《じんりんきんもうずい》』にみられるがごとく、大小を帯びた姿であった（図28）。その帯刀は、身分標識としてではない、人々が随意に帯刀した戦国期以来の、護身や祭具としての帯刀である。しかし身分標識としての帯刀認識が広がる十八世紀初頭、その無関係な帯刀にも、批判の眼が向けられるようになった。

荻生徂徠《おぎゅうそらい》は『政談』（享保十一年〈一七二六〉頃成立）のなかで、修験をはじめとする宗教者の帯刀を次のように述べ、痛烈に批判している。

陰陽師、事触《ことぶれ》、宮雀《みやすずめ》の類は小サ刀一本なるべし。山伏は無刀なるべし。何れも大小をさして武家に混ずる事いはれなし。中頃、山法師・奈良法師・根来法師の類、太刀をはき甲冑を帯したれ共、今は誠の僧となれり。山伏も其時《そのとき》の風俗の残りたるなり。山入《やまいり》の時、柴打利剣《しばうちりけん》をさすといふ事古法なりといふ。弥《いよいよ》しからば山入の時斗《ばかり》は古法に従ふべし。平生御城下又は田舎をありくは勧進の為也。勧進といふは出家の作法にて乞食なり。是《これ》忍辱の行成《ぎょうなる》に大小をさす事、有まじき事也。田舎抔《など》女子斗の居たる所にては、大小をぬきおどして無体に勧進をする類多し。夜打強盗をするも多き也。事触にも人をおどして無理に勧進を入さする輩多し。

図28　山伏　元禄３年（1690）刊『人倫訓蒙図彙』（国立国会図書館所蔵）より
太刀を佩くものと，打刀二本（刀・脇差）のものが描かれている．

徂徠は「大小」をさすことが「武家」のみに相応しい風俗とする認識を前提に、陰陽師や下級神職（事触・宮雀）、修験

（山伏）の帯刀が罷り通っている現実について、「何れも大小をさして武家に混ずる事いはれなし」と批判する。特に僧侶の一種である修験が帯刀することを烈しく批判し、彼らが「大小をぬきおど」すといった、刀を凶器として悪用しているとも述べる。しかし徂徠が何より、問題としているのは、武士以外の帯刀が排除されたはずの社会において、修験が〝武士の身分標識〟たる「大小」を帯びて「平生御城下又は田舎」を徘徊し「武家に混ずる」ことである。故に「混ずる」恐れのない「山入の時斗」は、「古法」どおり帯刀したらよいともいうように、時間と空間の制限付きである非常帯刀としての在り方なら、彼は構わないものと考えている。

「武士の真似」

徂徠はこれに続けて、僧が帯刀した家来を召し使う問題にも批判の鋒先を向ける。

寺の召仕《めしつかい》に刀指《かたなさし》を召置事、僧の供に刀・脇指さしたる者をつるる事、御門跡抔の外《ほか》は、院家《いんげ》たり共禁制有べき事也（中略）帯剣の者を供につれては、供先にて何の用にか立る。（中略）是等は只武士の真似をするといふものにて、全く仏法の衰廃なり

僧が帯刀した者を供連れとする行列は、ほとんど武士のそれと同じ外見である。徂徠は右の中略部分で「殺生戒を第一」とする僧に刀は不要であると述べ、僧侶が刀を「何の用

にか立る」と皮肉的に投げかける。そしてこのような有様は、しょせん「武士の真似」なのであり、「仏法の衰廃」だと批判するのである。

徂徠は、「刀」の武器としての本質に基づく用途を引き合いに出している。僧侶に武器はいらないはずであるのに、何故携行するのか、武器たる刀は「武家」のみに相応しく、その他には必要ない、という論理である。確かに僧が帯刀した家来を連れるのは、自らが庶民とは異なる身分であることを、外見で表示するためである。「武士の真似」、つまり権威あるものへの擬態として批判したのは、決して的外れではない。

それにしても「武士の真似」とは、どこかで聞き覚えのある言葉ではないか。しかし修験や神職は、「武士の真似」といえるものだろうか。丸腰では旅にも出られない戦国時代、人々は誰もが刀を差し、自らや自らの住む村を守ろうとした。修験、神職など宗教者の帯刀も、根源はこれと同じく、戦国時代に広がった刀・脇差を差す風俗の名残である。かつての「奉公人之真似」が、武家奉公人の流行ファッションの伝染だったのに対し、彼等の帯刀は、本源的には、「武士の真似」ではない。それを徂徠は「なぜおまえらが帯刀するのか。帯刀は武士の身分標識だ、真似するな」と攻め立てている。徂徠は帯刀を「武家」のみの標識とする意識を前提として、それ以外の帯刀を排除し、帯刀による身分の可視化を理想としていた。徂徠の批判は、帯刀が特権的身分標識として認識され始めた初期、すなわち十八世紀初頭の帯刀事情とその認識を示すものといえる。

医師の帯刀

化政期（一八〇四〜三〇）の世態を批判した武陽隠士による『世事見聞録《せじけんもんろく》』では、徂徠が言及していない医師の帯刀について、幕臣医師を念頭に「医師の大小を帯し、武士の如く権式を張る事、近来の事なり」といい、元禄前後頃より、「風俗奢侈に移り（中略）諸事武士に准じたる風俗になれり」と述べる。医師の帯刀が広がった経緯として、同書は次のように述べている。

また刀を帯すること、いつの頃か山添照春院なるもの、壮年の頃御国へ召されしに、御前に於て不意に止宿《ししゆく》を仰せ付けられし事ありし時、申し上げしは、刀を駕《かご》の内に差置けり、止宿仕《つかまつ》り候に付ては、これへ取寄せて苦しかるまじきやと伺ひ候へば、それはよき心懸けなり、取寄せ候へと上意ありしよし。右のよき心懸けと御賞美ありしを、外々のもの聞き伝へて、いかにも用意に刀をさして宜しくとの事になりて、奥医師より御番医に移り、また寄合小普請（医師）も帯する事なり。それより段々大小名の医師までも帯刀する事になり、武士同前に心得て、武士と肩を並ぶる事になれり。誠に刀を帯し、武士同前に心得るは謂《いわ》れなき事にて、実に仁術の意味に背けり。（中略）武士に準ずべきものにもあらず。諸宗の僧侶に準じて然るべきものなり。

つまり医師の帯刀は「近来の事」で、「山添照春院なるもの」より広がったとして、批判している。「山添照春院」は幕府奥医師山添熈春院のこととみられる。大名・旗本の系譜集である『寛政重修諸家譜《かんせいちょうしゅうしょかふ》』によると、山添熈春院は小児科の奥医師で、寛延元年（一七四八）に十八歳で父の遺跡を継ぎ、明和六年（一七六九）から奥医師を勤めた。『世事見聞録』の逸話が事実であれば、山添が「壮年」の時期は十八世紀末のことになる。

しかし医師の帯刀風俗が、幕府奥医師山添熈春院の帯刀から、他の幕府・諸藩の医師へと広がった、という解釈は、正確とは言えない。

儒医と医師

天和三年七月、同年の帯刀禁止令をうけて、徳島藩では「御茶道」（茶坊主）をはじめ、諸職人の帯刀を禁止した後、寛政六年（一七九四）六月に「御医師の面々を始め、御茶道の類で、以前（天和三年）、刀を差すことを停止された者たち」に対し、以後刀を差すように命じ、「御医師」（藩医）は「療用先の都合によっては刀を差さなくても勝手次第である」と、帯刀の自由を認めている。また鳥取藩でも寛政九年時点で、すでに「御目見医師帯刀」が許可されており、十八世紀末から、藩医の帯刀が認められていく傾向も確認はできる。

しかし京都では、すでに元禄五年の時点で「主人有之《これある》儒医」の帯刀は町人の兼業でない限り許されていたし、宝暦七年（一七五七）の同趣旨の触では、「諸浪人儒医儒者帯刀借宅、医師非常帯刀之儀」と、「医師非常帯刀」が加わっており、京都では「諸寺院幷《ならびに》師匠同学」の保証のもと申請すれば、儒医・医師が帯刀できた事実が確認できる。山添の帯刀と無関係である事は明らかである。なお、儒医は儒学者の医を兼ねるもので、有髪（惣髪が多い）であるが、医師は通例では剃髪した僧形という違いがあり（のちに惣髪の医師も増えた）、早くから浪人などと同様に扱われていた儒医と、師匠の届出による医師の帯刀が、幕末まで別種のものとして扱われたことは、後に述べる。

ここでは儒医や医師の帯刀が、慣例的に認められていたこと、それが徐々に増加していった結果、江戸時代後期には、それを苦々しいと感じるまなざしが生じたことを理解しておきたい。医師の帯刀については、また後にも述べる。

神職の帯刀

神職の帯刀も、江戸時代には慣例的に見られた。これも元来は、身分標識として、何か権力側から「御免」になったものではない。かつて神事では百姓・町人も刀を差していた。京都の帯刀改でも、百姓に許可された「神事帯刀」があった。神事祭礼での帯刀も、やはり戦国期に広がった、刀の風俗に由来すると思われ、身分標識としての帯刀利用以前、誰もが随意に刀を差した時代の名残であろう。

京都の北野天満宮の神人《じにん》などは、先の元禄五年令の規定通り、専業の者と、百姓・町人の兼職のものとが区別されていた。延享三年（一七四六）の時点の社人には、「常帯刀人」と「社役帯刀人」（社役の時だけの帯刀）とを区別して届出られている。また文政十二年（一八二九）九月、京都町奉行に提出された『北野社人帯刀改帳』では、「常帯刀之者」四名、「社役幷寺務御用幷節朔・非常之節帯刀之者」一六名、「社中扶持人、社役用筋非常之節、帯刀仕候者」二名が確認できる。最後の二名は社人ではなく、神事以外の社務を補助する「社中家来」と「御供所東光寺留守居」である。なお節朔とは、毎月の朔日と節供、神前に奉仕する日のことである。なお、ほかにも「社人株」をもつ者が五三人あるが、現在社役を務めていないので、社役を務めて帯刀する時、その度々届ける、と記されている。

神事の際は帯刀する。そのような意識が、江戸時代には存在した。プロローグで触れた伊勢御師の帯刀も、こうした慣習により行われていたものであろう。神職にしても修験にしても、本来は身分標識として帯刀したのではない。しかし帯刀の身分標識としての価値の高まるなか、宗教者たち自身が、次第に自身の帯刀への見方を変えていくことになる。

士と帯刀人

士農工商という言葉は、本来古代中国社会に由来する。しかし日本では「士」を「シ」「サムライ」と読ませ、「武士」と位置付けて、日本的に解釈した。高井蘭山《らんざん》著『農家調宝記』（文化六年〈一八〇九〉刊）にみえる、次のような解釈が、より庶民の感覚に近いものであろう。

> 士と云《いう》ハ帯刀以上、官位の高貴までをこめて云《い》へり、士ハ上に位して、農工商の三民を治るもの也

つまり「士」は「帯刀以上」から官位を持つ高貴な者（将軍、大名や公家など）すべてを含めた、治者全般を指すとした。公家や上級の僧侶などは、自身は帯刀しないが、帯刀した人間を家来として召し使うので「士」の範疇に入ると解釈している。かなり大雑把な見解だが、庶民は帯刀の有無で、「士」かそうでないかを判断したことをよく示している。

武士と一口にいうが、幕府にせよ大名にせよ、その武士団の内部には、厳格な序列がある。大きく分類しても、騎馬以上・徒士・足軽・中間の差があった。帯刀は原則足軽までだが、多くの場合、徒士以上を武士（士分）とし、足軽は士分ではなく、中間とともに軽輩とされる。武士団において、足軽は武士ではない、とみるのが一般的である。

しかし時代劇でおなじみの同心は、紛れもなく足軽に分類される存在である。ならば同

心を「お侍」と呼んでいる町人は、間違っているのだろうか。

実は武士団内部における「武士」（＝士分）と、一般庶民が「武士」「お侍」といっている線引きの認識は全く異なる。この二つは、別に考えるべき問題なのである。一般庶民は、帯刀していればすべて「お侍」、「武士」という（例えば『東海道中膝栗毛』など）。だから足軽・同心も、当然「お侍」である。その「お侍」が若党・草履取りを従えているか、鑓を立てているか、馬に乗っているかで、武士団内部での格式も、ある程度分かる。しかし庶民には、それを区別する必要がない。庶民からすると、帯刀した人間は「士」、治者、もっと平たく言えば、「お役人」である。庶民は「帯刀」している人間を「士」と識別し、敬意を以て接しなければならない。それが当時の、身分秩序の建前である。たとえ「お侍」の正体が、実は百姓・町人の非常帯刀であっても、それが区別される必要はないのである。

帯刀人の時代

ここまで、おおよそ十八世紀までの帯刀事情をみてきた。いつまでたっても帯刀しているのが武士だけにならない。もうお気づきだろうが、はっきりいっておこう。そんな日はこない。帯刀が武士だけの特権であったことなど、一日としてなかったのである。

江戸時代は、武士も含めた帯刀人《たいとうにん》の時代である。帯刀人とは、武士はもちろん、その身分標識を「非常」で許可されている百姓・町人や、修験、神職、儒医、医師など、帯刀したものたち全般を指す。江戸時代を武士の時代と表現するのは、当然正しい。しかし帯刀が身分標識と化したことで、人の上に立つ役割・仕事をする、庶民ではない人間が帯刀した。いわば治者、「お役人」、ないしそれに準ずる者がみんな帯刀していたのが、江戸時代の特徴である。そこに着目するなら、江戸時代は、帯刀人の時代、といってもよいであろう。

ここまでは、主に支配側が帯刀を規制、整備していく動向に重点を置いてみてきた。一方百姓・町人たちは、価値の高まった帯刀に、どのようなまなざしを向けただろうか。

「普通の人間は帯刀できない。帯刀できるのは、特別だ」そんな状況が生まれたとき、人はその特別なものを、手に入れたいと考えはじめる。誰しもは帯刀できない、だから俺だけは、帯刀したい――。

帯刀は、人間の浅ましい虚栄と欲望にまとわりつかれ、あらたな展開を見せはじめる。それはやがて、支配側の秩序すら、混乱させていくのである。

虚栄と由緒と混乱と

ひろがる「帯刀」のゆくえ

帯刀に魅せられて

御用町人への帯刀許可

天和三年令は、武士と町人とを、帯刀有無によって外見で区別できるようにした。享保の褒賞規定で、町人への帯刀が許可されなかったのも、その状況の維持が求められたからであった。しかし帯刀の身分標識としての価値が高まるなか、幕府をはじめとする諸権力が、御用町人に御用金献納などの反対給付として、帯刀許可を与えるようになる。

町人に帯刀許可を与え始めたのが田沼意次《たぬまおきつぐ》だという認識が、田沼失脚直後から存在した。失脚後に、その罪状を書上げた『田氏罪案《でんしざいあん》』には、田沼が金座の役人（町人）に「平生帯刀」（常帯刀）を許可したことや、御用町人らに対し、賄賂によって「火事場 幷《ならびに》 道中帯刀」（非常帯刀の一種）を許可したことを挙げている。これらが田沼一人の〝罪〟かどうかはともかく、田沼時代とも重なる十八世紀後半より、町人への帯刀許可が、流行の如く行われ始め、それが風刺嘲笑されたことは、当時の川柳からも窺える。

①「町人の冥加か尽て二本さし」（『誹風柳多留《やなぎだる》』拾遺九篇・宝暦中）

②「最《も》ウ壱本《いっぽん》ほしそうにさす御用たし」（同十一篇・安永五年）

③「いつの間に刀をさして夷講《えびすこう》」（『誹諧武玉川《むたまがわ》』三篇・宝暦二年）

①は、多額の冥加金を献上した町人が、帯刀御免になったことを詠んだもの。②は御用達町人が外出前に脇差を差すとき、もう一本、つまり刀も差したいなあという気持ちを嘲《あざけ》ったもの。③は町人の寄合である戎講（夷講）に、御免になった刀を差してきた町人をいったものであろう。いずれも一般の目から、この頃に復活してきた町人の帯刀に対し、嘲りを以て詠まれたものである。

呉服所後藤縫殿助

宝暦六年（一七五六）馬場文耕《ぶんこう》の随筆『宝丙密秘登津《ほうへいみつがひとつ》』に、「後藤縫殿介《ぬいのすけ》帯刀御免被仰付《おおせつけらるる》事」という題の、次のような逸話がある。ここからも、御用町人の帯刀と、それに対する人々の嘲笑を読み取ることができる。

幕府呉服所の後藤縫殿助《ぬいのすけ》には、従来帯刀許可がなかった（天和三年令で禁止）。しかし先祖を同じくする金座の後藤庄三郎には、宝暦六年以前に、出火時と道中での非常帯刀が許可されたのである。そのため縫殿助も、庄三郎同様に「刀御免」になりたいと、願いを出していたが、なかなか許可されなかった。そこで縫殿助は、時の側用人で権勢をふるった大岡出雲守（忠光）に出入する、医師の松本英叔《えいしゅく》に相談、取次を依頼し、山のように賄賂を贈った。その甲斐あって、宝暦六年三月中旬、縫殿助は積年の願い通り、「道中且《かつ》御府内におゐても火災之節」での非常帯刀が許可されるに至った。

そして同月下旬、江戸で火事が起きた。縫殿助はそれきたとばかり、火事の場へ悦《よろこ》んで刀を帯びて出てきたという。帯刀という身分標識を得たことが、よほどうれしかったのである。しかしこの逸話は「丸之内《まるのうち》にて人々わる口して、此《この》火事ハ縫殿介が刀をさしたがりて火を付たるべしと、笑ひの、しりけると也」と結ばれている。こうした町人による帯刀に対し、周囲は冷ややかな、嘲りのまなざしをむけたのである。

御用町人の帯刀は、富や地位を得たものによる、さらなる虚栄心の発露でしかない。故に帯刀する御用町人たちに、周囲は嘲笑の目を向けたのである。後藤のように、御用町人らが金の力で帯刀を獲得するさまは、「町人の二本はこがね作り也」（『誹風柳多留《はいふうやなぎだる》』五十四篇・文化八年）等と、あからさまな風刺がされ続けた。しかし虚栄心にかられた本人たちは、非常帯刀の獲得を、無常に喜んだのである。

町人が金を積んで帯刀したがるのは、一般庶民との違いを外見でみせつけたいという、くだらぬ虚栄心によるものである。しかし「偉ぶりたいから帯刀したい」という、あからさまな理由で願い出ても、当然許可されない。大義名分がいるのである。彼らは帯刀したい理由をどう語ったか。京都の御用町人の事例をみよう。

正当化する主張

宝暦十三年（一七六三）六月、御末広《すえひろ》師岡村若狭守《わかさのかみ》・御烏帽子師杉本美作守《みまさかのかみ》・御冠師木村出雲守《いずものかみ》は連名で、京都町奉行所に非常帯刀の許可を求める願書を提出した。三人は「京都三職」とよばれた、朝廷と幕府の扇子・烏帽子・冠を調進する職人たちである。苗字・受領《ずりょう》名まで名乗り、その格式は高いものの、身分は京都町奉行の支配する町人である。ただし代々行っている扇子・烏帽子・冠を調進する「御用」に関する職分は、衣紋道《えもんどう》を家職とする公家の山科・高倉の両家の支配を受けていた。彼等は願書で、次のように述べる。

出火等の際は、「御用物」を御両家（山科・高倉）に退避させ、その御屋敷に詰め、不時に「御家用等」も命じられます。そこでこの度、御両家からは「非常之節者《は》帯刀」することを免ぜられました（実際は三職が両家に願い出たもの）。しかし例年、武家伝奏の方が関東に下向される際、御供いたしますが、道中では帯刀できず、甚だ差支え、難儀しておりますから、「旅行幷出火之節斗《ばかり》帯刀」を許可してください。もちろん、この帯刀は三職の「職分」限定です。「私用」での帯刀は、決していたしません。

この帯刀願は、全く滞りなく許可された。一連の願書において、三職は帯刀を必要だという理由について、さらなる説明が求められる事態を想定し、次の様に補足して、回答する準備をしていた（実際には説明せずに済んだ）。

① 私共の家の近くで火事があると、御用物を御両家へ退避させます。御両家の方角で火事の場合は御両家へ詰めて、御両家にお預りの御用物の御番等を命じられます。そのため不時の御家用にも召し使われるので、「帯刀」が必要なのです。

② 例年江戸参府では、伝奏方の御供として随行します。同じ宿駅に泊まる場合、毎日伝奏方が宿泊された本陣に出勤します。その上、公方様《くぼう》（将軍）の御冠・御烏帽子・御末広などの御用の品を、例年持下りますが、もし旅の途中で急な火事があった時、これら大切な御用物を退避させるに際して、帯刀していないと、人が除けてくれません。万一間違いがあってはと、第一に恐れ入る次第です。それに伝奏方が宿泊される

御本陣でも、このような非常の場合など、帯刀が必要な時に差し支えます。以前から伝奏の御家来（雑掌）からも、願い出るように言われておりました。

①が、火事と御用の節の帯刀が必要な理由（ただしこちらは、願書以上の情報はあまりない）、②が、旅行時の帯刀が必要な理由である。いずれも「御用」のために、「お役人」だとわかる「帯刀」が必要だ、という主張である。しかし「帯刀していないと、人が除けてくれません」という言葉に、彼らの本音も滲んでいよう。帯刀した姿になれば、百姓・町人一般が遠慮して避けることを、彼等はよく知っている。だから帯刀したいのである。百姓・町人一般との視覚的な差異を纏《まと》い、一般人とは違うものにみられ、振舞いたい。そんな虚栄・私欲がある。帯刀が「御用」に有益だから、という、以前から見られる理由は、実はこの欲望を満たすための、使い古された大義名分に過ぎない。

江戸町年寄　江戸町年寄三家（喜多村・樽屋・奈良屋）は、天和三年以降帯刀を禁じられていた。しかし呉服師らが苗字帯刀許可を求めた動向の影響を受け、彼等も帯刀を望むようになった。

江戸町年寄のうち、樽屋与左衛門は寛政二年に「樽」の苗字公称を許され、奈良屋市右衛門とともに、猿屋町会所勤務中の帯刀（役儀限定の非常帯刀）を許された。さらに文政七年（一八二四）十二月、三人に一代限帯刀（ただし廻勤のみに限定）が許可された。奈良屋も天保十二年（一八四二）には「館」の苗字公称を許され、さらに与力格・永々帯刀許可となるなど、段階的に苗字帯刀の格式を手に入れていった。

しかし町人への帯刀許可は、当初ほとんどが非常帯刀であった。そのため、常に帯刀した姿でいられる「常帯刀」（「平日帯刀」「平生帯刀」などともいわれる）への上昇意識、さらなる虚栄心をかきたてたのは、むしろ当然のなりゆきであった。限られた時間や場所だけではなく、いつも差したい。人間の、哀れな欲は、果てしない。

秤座守随彦太郎

江戸の秤座守随《はかりざしゅずい》彦太郎は、東国三三か国の秤を管轄し、その権益はかなりのものであった。しかし身分は町人に過ぎず、帯刀することはできなかったのである。

天保十二年六月、守随彦太郎は、「天和年中に帯刀しないようにとの仰せによって、刀を差すことは差控えることになりました。その後、「秤改御用」や「出火・旅行」のときだけ帯刀し、「平日ハ一刀」（脇差だけ）というのが、代々の仕来となっています」と、自身の帯刀経緯と現状を述べた上で、「現状では、江戸町中を「秤改御用」で廻る際には、帯刀しております。しかしその時、急な御用を通知されて登城する場合、御城に向かう途次は「秤改御用」ではないため、「一刀」でなければならず、「何共差支、当惑至極」であります。だから今後は「平日帯刀」させてください」と、支配頭である御細工頭に願い出た。

守随は他の御用町人の帯刀事例を例書として提出している。これによると、金座改役後藤三右衛門が文政十一年四月に、銀吹所大黒《だいこく》作右衛門・銀座年寄辻伝右衛門・同秋田太郎右衛門が天保七年七月に、呉服師後藤縫之丞《ぬいのじょう》が天保九年十月に、いずれも「平日帯刀」を免許されたことがわかる。先の呉服師後藤らを含め、非常帯刀許可者は、文政末期以降、次々と常帯刀へと格式を上昇させたことが知れる。この守随の願いは「其身一代平日帯刀」という形ながら許可され、「平日帯刀」への上昇を果たした。

しかし「平日帯刀」してしまえば、非常帯刀と違い、もはや彼らの外見は、常に武士一般と見分けがつかなくなってしまう。こうして十九世紀になると、御用町人への帯刀許可の増加によって、大小を帯びた町人が、再び江戸を闊歩する状況が生じてしまったのである。

京糸割符

江戸時代の初期、生糸貿易にかかわる、糸割符《いとわっぷ》制度というものがあった。これは、生糸の輸入の際、京・堺・長崎の三か所、のち江戸・大坂を加えた五都市の商人たちが関与したことから、五ヶ所糸割符（糸割符仲間）とよばれた。生糸の輸入は十七世紀には衰退し、制度も仲間も全く形骸化していったが、一時的廃止を経て、明治初年まで存続した。彼らは徳川家康によって創始されたという「由緒」があったため、その代表たる五ヶ所糸割符年寄は、年始と将軍代替りの際に江戸へ参府して、将軍に拝謁する栄誉を与えられていた。

京都では十八世紀半ば頃より、この「糸割符」が、「株」として譲渡・売買された。京糸割符という、由緒ある「株」に群がったのは、新興商人、特に金貸しなどの成り上がり者たちであった。成り上がり者が富の次に名誉をほしがるのは、今も昔も同じ傾向である。ちなみにこの糸割符株を得ても、長崎貿易に従事できるわけでもなく、経済的なメリットは皆無である。なにか集団として、「御用」を担っているわけでもないのに、その「由緒」故に、高い格式で扱われ続けた存在であった。

京糸割符は、もちろん町人である。帯刀しているわけがない。しかし彼らは、次第に町人ではなく「糸割符」という身分だと騙《かた》りはじめる。そして弘化二年（一八四五）八月には、帯刀人であると主張し、京都町奉行所に訴願を行って「御用并非常旅行之節帯刀」が公認されてしまう。そこでは「以前から「仕来《しきたり》帯刀」だったが、正式な届け出をしていなかった」などと自称したが、そんな事実はない。実際の史料からうかがえるのは、天保期に糸割符株を購入した、町奉行所などの公金の貸付運用を担う前川五郎左衛門《まえがわごろうざえもん》という京都の御用町人が、この帯刀願いの主体であったという、嫌らしい事実だけである。

変わる由緒

糸割符自身が作成した由緒書では、これ以前、帯刀はほとんど主張されていない。享保九年（一七二四）の段階の由緒書には、帯刀に関する記述は全くない。文化末期を記述の下限とする「糸割符由緒書」にも、文化五年（一八〇八）のフェートン号事件の際、長崎詰の五ヶ所糸割符年寄に帯刀が一時的に命じられたことを記すだけである。ところが安政五年（一八五八）の由緒書では、日光東照宮造営の際、松平右衛門大夫《うえもんのたいふ》（正綱）に供奉した時、「旅行帯刀」を免じられたと言い始めている。日光への供奉自体は、これ以前の由緒書にもみえるが、そこに「旅行帯刀」という嘘が付け加えられた。なお、徳川家光による東照宮の大造営が完成するのは、寛永十三年（一六三六）のことである。誰でも帯刀できたその時代に、「旅行帯刀」の免許などあるわけがない。

さらに文久二年（一八六二）四月、長崎奉行に五ヶ所糸割符宿老（仲間の長である糸割符年寄。長崎では宿老と称した）が提出した「非常旅行帯刀之儀ニ付申上候書付」という文書では、「私共の非常帯刀は、大坂の陣の時、御陣場へ詰めたという古格によるものです」

と言いだしている。何とも開いた口が塞がらないが、なおもさらなる変化をみせた。

慶応四年（一八六八）二月、新政府の市中取締役所に対し、京糸割符が提出した書面では、「糸割符は、異国に渡海するものたちなので、元和年中以前から苗字帯刀していた」などと主張している。ここまでくると、もう頭を抱えるしかない。この浅ましく愚かな連中に、一種の哀れみすら覚える。当然この主張は認められず、糸割符はこの時には消滅した。

この嘘だらけの由緒改変は、帯刀を正当化したいという、強い気持ちがよく表れている。彼らは刀を振り回したいのでも、それで人を殺傷したいのでもない。帯刀した姿を他人に見せて、偉い人間だと思われたい。しかもそれを「由緒」で正当化したいのである。人々は「刀」そのものや、それを使うことではなく、「帯刀」に魅せられていた。

神職・修験など宗教者の帯刀は、身分標識としての帯刀とは、本来別のものであった。しかし「帯刀」の身分標識としての価値が高まるにつれ、宗教者自身も、その帯刀を、身分標識、自身の特権と考える意識を醸成し、定着させていった。

修験の大法螺

文化二年（一八〇五）五月、寺社奉行は、大垣藩主戸田釆女正《うねめのかみ》（氏教）家来から、「修験道が帯刀するのはどういうわけで、どういう状況なのか」との問い合わせをうけ、当山派《とうざんは》修験の総触頭《ふれがしら》である鳳閣寺《ほうかくじ》に、その理由を尋ねた。

これに対し鳳閣寺は、「修験帯刀」は「悪魔降伏《ごうぶく》之ため」（法力で悪魔を防ぐため）であって、帯刀をするもしないも、本人の「随意次第」であること、現状は「平日帯刀」する者もあれば、しない者もいる、と答えた。そして、そもそも修験の帯刀は、寛平元年（八八九）に宇多天皇の勅命により、理源大師（当山派修験の祖）が、宝剣を賜って大峯山《おおみねさん》の毒蛇を退治したとき、随従した供奉の衆徒に「帯刀兵杖《（仗）》勅錠《（諚）》」（帯刀しろという、天皇のご命令）があったから、以来「永久帯刀連綿」としているのだと語る。そして挙句には「但《ただし》帯刀之事、根本釈尊在世之時より、優婆塞《うばそく》ハ武器兵仗帯刀仕候《つかまつりそうろう》、其証大経中之中ニ相見《あいみえ》申候」と、紀元前のインドの釈迦が生きていたとき、在俗仏教信者（優婆塞）が帯刀していたことは、仏教の経典に書いてある、とも主張している。天皇や経典などの権威を借りて、自らの帯刀の正当性を強調したのだろうが、誠に荒唐無稽、捧腹絶倒の大法螺というほかない。

寛文八年（一六六八）以前、「帯刀」は誰でも随意になしえた。まして「帯刀」が権力による許可の必要な身分標識となったのは、十七世紀末以降である。九世紀の宇多天皇や、お釈迦さまにご登場いただいても、それは全然、関係ない。十九世紀の社会における、帯刀の特権的価値が、「往古」からずっとあったのだと、彼らは思いこんでいる。帯刀という身分標識が、ごく新しいものであることさえ、忘れられつつあった。

往古の帯刀

「帯刀」が身分標識・特権化する以前の「往古」を引き合いに出して、自分たちが帯刀する正当な根拠だという主張は、少なくない。例えば神事舞《しんじまい》太夫《だゆう》という神職の一種がいる。彼らはなぜか帯刀する。天保十三年（一八四二）五月に、神事舞太夫頭田村健之丞が江戸南町奉行鳥居甲斐守《かいのかみ》（忠耀《ただてる》）へ提出した由緒書では、「神事舞太夫の家道は、習合神道で、往古より武家に属している」と述べている。そして「神事舞太夫の帯刀は、宮持・社役人・平支配の者まで全員、「古来より」しているのだ」という。彼等もまた「古来」の帯刀を「武家ニ属」する証拠とみて、その正当性を主張した。

このほか陰陽師も、寛政三年（一七九一）四月の掟書で「陰陽道の輩は、帯刀するべき職分である。御免許を頂戴した者は、だれから尋ねられても、御本所（土御門家）から許可されたと答えて、帯刀すべきこと」と定めている。

新規帯刀の主張

天保四年六月、旗本村越金之助の知行所であった上州群馬郡有馬村に居住する、上州浜川来迎寺《らいこうじ》配下の鉦打《かねうち》・重阿弥《じゅうあみ》が、「役筋にかかわる時は、浅草日輪寺より「代々帯刀」を許可されてきた」と主張する事件が発生する。鉦打は時宗配下に属して阿弥号を称し、頭巾をかぶり十徳を着て鉦を打ち、和讃念仏を唱えて米銭を乞う宗教者である。鉦打としては末寺の下知を受け「寺社奉行所御支配」だが、その生計上、所持する屋敷・田畑等の「地面」にかかわることは、居住する場所の領主から「百姓同様」に取扱われてきた身分であった。なお農商業を営む沙弥は僧形ではなく「俗髪」で、百姓・町人一般の髪型である。

　重阿弥の主張を受けた勘定奉行内藤隼人正《はやとのかみ》（矩佳）は、鉦打帯刀の先例を調査したが、見出せなかった。そこで寺社奉行脇坂中務大輔《なかつかさのたいふ》（安董）に問合せたが、脇坂も先例を見出せなかった。そこで時宗の触頭である、江戸浅草日輪寺へ問合せた。日輪寺役僧は、重阿弥の帯刀については記録が焼失してわからないが、「時宗門徒之沙弥帯刀之儀」について、「俗髪之沙弥は、遊行上人の飛脚等を勤める時、時宜により、帯刀を許可していると、前々から申し伝えております」と述べた。なお遊行上人とは、時宗の本山藤沢遊行寺《ゆぎょうじ》の住職のことである。

　しかし内藤から「申し伝えは用いない」といわれたため、現在の状況を次のように答えた。「藤沢表（遊行寺）や当寺（日輪寺）等で、俗髪の沙弥を雇って「家来分」にし、諸用を弁じさせる場合には、帯刀させておりますが、「平常帯刀」は、決してございません」。この回答を受けた脇坂は、「沙弥の身分を理由に、帯刀している事実はない」と内藤に回答しており、重阿弥の帯刀には、認めない判断が下されたようである。

このとき日輪寺は「俗髪之沙弥、従古来《こらいより》帯刀」の由緒も語っている。いわく、得川有親《とくがわありちか》（徳川家の祖とされた室町時代初期の人物）が、遊行上人十二代尊観法親王《そんかんほっしんのう》の弟子で、その時、有親の子松寿丸（泰親）が「被為遊《たいとうあそばせられ》帯刀、上人ニ随従」した。この例によってその後も「有髪俗体之沙弥、帯刀仕来候」、と述べている。彼らも由緒と称する嘘話で、「帯刀」を正当化している。

江戸時代後期の宗教者たちは、もはや自身の「帯刀」を、自らを准武士身分に位置付ける証拠として意識している。故にその正当性を「往古」の由緒という形で彼らなりに主張した。さらには彼らを統括する寺院や門跡などの権力を背景に、帯刀の既成事実を重ねていった。宗教者の帯刀は、元来戦国以前における護身の武器、あるいは祭礼の祭具としての刀の用途に起因する。誰かに許可されたとか、あるいは武家に准ずるからとか、そんな理由のものではない。単に自由に帯刀できた時代の名残である。しかし彼らは、彼ら自身の手で、その帯刀を、身分標識としての帯刀に同化させていったのである。

普段着の修験

「万《まん》ざいハ刀を二本さしてくる」（『誹風柳多留』十一篇・安永五年）という川柳がある。「万ざい」は三河万歳《みかわまんざい》のことで、帯刀した姿で江戸の家々を回る、正月の風物詩であった（図29）。彼らの帯刀も、他の宗教者同様、身分標識

図29　万歳　天保9年（1838）刊『東都歳事記』（早稲田大学図書館所蔵）より
万歳は，烏帽子に大紋を着た太夫と，鼓を打つ才蔵が一組になって廻った．

としてのものではなかったはずである。しかしこの川柳は、帯刀が身分標識化し、御用町人の帯刀が嘲笑されていたのと、同じ時代に詠まれた。特別な許可がないと帯刀できないのに、彼等は帯刀しているじゃないか——。宗教者の帯刀に、そんな目が向けられていたことを示す。帯刀が身分標識として定着してきたために、このような見方が出てきたのである。このまなざしは、宗教者たち自身の意識を変え、「往古」に帯刀が免許されたという、帯刀を正当化する「由緒」をでっちあげなければならなくなった、一因であるともいえよう。

かつて荻生徂徠は言った。「修験も、山に入るときだけ帯刀したらいい」と。特殊な衣装と特殊な場所と時間に限って帯刀するなら、武士の帯刀と紛れたりはしない。だからよい、という意見だった。しかし修験だって、普段は普通の服を着る。その時、刀をどうするのだろうか。

文化三年二月四日、奥州福島藩主板倉内膳正《ないぜんのかみ》（勝長）から、寺社奉行松平右京亮《うきょうのすけ》（輝延）にこんな問合せが行われた。「浄土真宗の寺院の僧や、修験等が、三衣《さんえ》（僧侶が着る袈《け》裟《さ》）を着ない時、羽織を着用して帯刀し、普段出歩いていることがあります。これは、構わないのでしょうか。ほかの宗派の寺院も場合によっては、帯刀してもかまわないということなのでしょうか」。

寺社奉行は次のように回答した。「一向宗（浄土真宗）の寺院の僧が、羽織を着用して帯刀することは、普通はないはずである。修験も、帯刀してかまわないが、羽織を着用しているときに、帯刀はしない。しかし旅行等の節、修験でも羽織着用で帯刀することはあろう。その他の宗派の僧が、場合によって帯刀する、ということについては、詳細がわからなければ、回答しようがない」。

幕府は、そのような浄土真宗の僧や修験はあってはならないとみている。しかし福島藩では、日常的に浄土真宗の僧侶や修験が羽織・帯刀の姿で徘徊していたのである。

諸士と紛れる

この問題は、同じく福島藩から同日付でなされた、寺社奉行への問合せとも関連する。その問合せによると、福島藩では、従来帯刀する社人が二、三人あったという。しかしそれ以外の社人に対しては「福島藩領内だけでは、帯刀することを許さない」という、藩の独自措置によって抑止していた。しかし近頃は、社人やその二男、三男迄も、普段から羽織袴を着用した姿で帯刀し、領内を徘徊しているため、家中諸士と紛わしくなり、藩士とも外見上区別できなくなった。その上、「社人は領内限り帯刀禁止」という領主の命令に対しても、社人たちは帯刀したいと訴え出ているという。そこで福島藩は寺社奉行に対し、①神職を支配する公家の吉田家から「帯刀免許」をうけた者に対しても、このまま従来の藩内規定である「領内限り帯刀禁止」を命じ続けてもよいのか、②吉田家より「帯刀免許」の者は、普段から帯刀してよいとのことなら、「家中諸士」と紛れないよう、彼等には普段の服に「木綿襟掛」を掛けさせて区別したい。この措置に問題はないか、と問合せたのである。

寺社奉行松平右京亮は、これに次のように回答した。①社人・神職には、帯刀させるのが普通である。むしろ「領内限り帯刀禁止」という福島藩の独自規定はどういう事情なのか。これを聞かしてくれないと、はっきり回答出来ない。②木綿襟掛は、神職でも、吉田家の許容がないと着用してはならない格式のものである。領主がそのような措置を以て、取り締まることはできない。

福島藩では修験、神職、浄土真宗の僧などが、日常的に羽織姿で帯刀している事実があった。彼らは福島藩士一般（「家中諸士」）と、外見上紛れてしまう。福島藩は、これまで、藩領内では帯刀させない形でこれを処理していたが、抵抗する者もでてきたのである。寺社奉行も、神職は帯刀するのが普通で、領内限り帯刀禁止にしている、同藩の措置が特殊であるとの認識を示している。もはや神職や修験が羽織姿で日常的に帯刀し、「家中諸士ニ紛敷《まぎらわしき》」事態となっても、これを抑止することさえ、現実的には困難な状況が生まれていたのである。

百姓・町人の神職兼帯

こうした混乱の背景にあるのは、百姓・町人が、自身を支配する領主以外の権力から、帯刀免許を獲得する事態であった。神職を支配する京都の吉田家・白川家、陰陽師を支配する土御門《つちみかど》家などは、全国の百姓・町人に対し、神職や陰陽師に任ずる許状を与えて、自身の配下としはじめた。それは、次第に百姓・町人としての身分を支配する領主や、居住する村や町との間で、苗字帯刀をめぐる衝突を引き起こした。

文化五年九月、挙母《ころも》藩主内藤摂津守（政峻）から、寺社奉行脇坂中務大輔（安董）へ、自身の領内に住む社人らに関して、次のような問合せがなされている。

吉田家の許状を受けた無位の神主・社人でも、村方では百姓並で五人組に加入している場合には、「村用之節」については、これまで通り百姓として扱う。しかし「神職」の業務の時だけ帯刀すると領主へ願い出た場合、これを許可してもよいのか。また無位の神主でも「平日帯刀」（常帯刀）してもよいのか。

つまり百姓が神職として、吉田家などから、神職の許状を得て、帯刀を許可された場合の対応である。身分取扱はこれまで通り百姓として、「神職」に関る時だけ帯刀させるという、非常帯刀での処理を考えている。寺社奉行は、同藩に対し、その取扱で問題ないと答えている。

しかし村の中で、ある百姓が、突然帯刀という身分標識を帯びることは、村の秩序を乱すものであった。例えば百姓身分で神事舞太夫となった場合、村側の要求によって「帯刀ケ《が》間《ま》敷《しき》儀」（帯刀やその類似行為）は、決してしません」と誓約させられるなど、現実には帯刀できないようにされている事例もみられる。また百姓が陰陽師となって帯刀したことにより、村で反発を招き、訴訟となった事例もある。こうした反発は、帯刀が特権的身分標識であるが故に、それを帯びる存在が、従来の村落秩序を乱すものとして、問題視されたためである。これらは江戸時代の後期、宗教者の帯刀が身分標識の帯刀と同化してしまったことに、大きな要因の一つがあろう。

また宗教者ではないが、町や村において、医師の帯刀した姿が目に付くようになったことは、諸藩から幕府への問合せからもうかがえる。

町や村の医師

寛政十年（一七九八）十月、壬生《みぶ》藩主鳥居丹波守（忠熹《ただてる》）より、勘定組頭甲斐庄《かいのしよう》武助に対し、自身の領分の村や町に住む「医師」（身分は百姓・町人）の取扱について問い合わせがあった。甲斐庄は、惣髪・剃髪など、外見が俗人と違う「医師之形」になっている者は、苗字を名乗っても問題がないが、帯刀はさせるべきでない、もししていたら差しとめるべきと回答した。また「俗医」（右の「医師之形」ではないもの）は、「私ニ苗字を名乗候ハ、強而《しいて》差構《さしかまい》も無之《これなし》」とし、苗字を私称することは、強いて目くじらを立てる必要なしと述べている。この時点で、百姓・町人身分の町医者・村医者は、苗字の私用は黙認し、帯刀はあるべきではない、という見解であった。享和元年（一八〇一）九月、甲府勤番支配瀧川長門守も、江戸町奉行に医師の帯刀を問い合わせているが、町奉行は医師の帯刀はしないのが当然であると答えている。ただし遠国など、地域によっては帯刀する「仕来」もあるだろうから、一概には言えない、とも述べている。

享和三年五月には、笠間藩主牧野越中守（貞喜《さだはる》）が評定所に対し、①領分町在の医師が、城下で苗字を名乗って帯刀し、領内を駕籠で往来しているが、これはかまわないのか。これは領主の考え次第で判断してよいのか。②このような医師が、江戸表に出たときに、苗字・帯刀・駕籠の使用をしてもよいのか、と問い合わせている。これに対して評定所は、①公儀にはそのことに「御定法」がない。その所々の仕来り次第である、②には、「だめだという「御定法」はないが、町方人別の者はだめであろうとおもう」と回答している。

文化二年（一八〇五）十一月には、忍《おし》藩主阿部播磨守（正由《まさよし》）が、勘定奉行石川左近《さこんの》将監《しょうげん》（忠房）へ次のように問い合わせている。①領内で、古来より住居している医師は、苗字帯刀してもよいのか。また古来より郷士であったものが医師になった場合、引続き苗字帯刀を許可してよいのか。②領内の医師に対し、由緒の有無にかかわらず、領主から苗字帯刀を許可してもよいか。その苗字帯刀は、他領に出向く場合も使用できるのか。

これに対し評定所は、①医師の苗字については、江戸の町医者同様そのままでよい。医者になった郷士の帯刀もそのままでよい。②許可は「勝手次第」である。他行時も領主が許可したのなら、「百姓、町人共違ひ職分故、苗字を名乗、帯刀致し不苦筋《くるしからざるすじ》」と回答している。十九世紀の初めには、医師の「職分」なら帯刀も構わないという認識もみられる。どうやら「御定法」がないために、「仕来」にまかせた結果、次第に医師の帯刀が拡散していったというのが、現実であるらしい。

医師という職の人間は、幕臣・藩士から百姓・町人まで存在する。「医師」という身分の人々すべてを、包括して支配する存在はいないのである。故に医師だから帯刀するということは、本来なかったはずであるが、おそらく士分の医師を見習って、次第に百姓・町人の医師までもが苗字帯刀する既成事実が重ねられ、医師の帯刀という習俗が形成されたものと推測される。先に述べた武陽隠士の憤りも、このような医師の帯刀の広がりに向けられたものだったのである。

帯刀と身分秩序

非常帯刀の本質

これまでみた百姓・町人らの帯刀には、①「役儀」や「神事」など、時間と空間とを限定された帯刀、②褒賞として免許された帯刀、③由緒など特殊な事情で認められた帯刀、の三種類が存在した。①は非常帯刀である。しかし②の場合、日常的に差しているかは不明で、実際には、公的場面での使用に限られているとも考えられる。また、③の場合、居住する村や町がその帯刀に制約を加え、日常的な帯刀は遠慮させられている場合も少なくない。①〜③に共通するのは、そのいずれも個人（「其身壱人《そのみいちにん》」）に対する許可で、本人限りであるという原則である。

特に①のうち、「役儀」のときの帯刀許可は、「勤中帯刀」「役中帯刀」などともよばれて、近世後期までに、諸藩でも広くみられるようになった。例えば徳島藩が文化二年（一八〇五）正月、「御櫓付之者之内」の「手元引除役」に「役中苗字帯刀」を許可した例や、文政二年（一八一九）六月、鳥取藩が「町年寄・町代共」に火事場と見回りの時のみ帯刀御免とした例など、枚挙にいとまがない。こうした勤中帯刀は、先述のように「平日帯刀」（常帯刀）に上昇する例もあったが、原則は本人の勤務している時間と場所だけに限定され、それ以外の「私用」では帯刀できない。つまりその免許は、身分に対して帯刀を許可・付与されたのではなく、その本人が任じられた役儀（職分）に付与されていたものともいえる。非常帯刀の許可は、身分はそのまま百姓・町人だが、職分のみ「士」という、一人の人間の「身分」と「職分」と分離して把握した。故に一人の人間が、この二つの格式を使い分ける状態が発生したのである。それは個人に許可・付与された、本人限定のものであるから、嫡男をはじめ、その家族には一切適用されない。帯刀を許可された本人は帯刀できても、その子はただの百姓・町人であるから、帯刀すれば処罰の対象である。

故に百姓・町人へのこうした帯刀許可は、武士になることではない。百姓・町人が武士、すなわち正式な武家家来になるためには、「召抱《めしかかえ》」という全く別の手続きが存在する。百姓・町人には、居住する町や村に「人別《にんべつ》」とよばれる、いわば戸籍がある。正式に家来として召抱えられる場合は、この「人別」から除外され、百姓・町人身分を相続人に譲渡し、その身分から離脱する必要がある。この手続き（「身分片付《かたづけ》」などと呼ばれる）がなされていない限り、いわゆる武士身分への身分移動とはみなされないのが原則であった。なお身分移動の場合、もとの百姓・町人としての身分と財産は相続人に譲渡されるため、もう従来の生業は続けられなくなる。幕府もこうした人別の有無を、苗字帯刀などの格式を許された百姓・町人か、元百姓・町人で召抱えられた武士（武家家来）か、これを判別する重要な指標とみなした。ただし実際には各大名の家臣団編成などの差もあり、そこにはかなり曖昧な領域も存在した。

家族・縁者の帯刀

百姓・町人への帯刀許可は、あくまで「其身壱人」、「本人」限りである。しかしこの制限に対する逸脱行為は、かなり早い段階で発生した。

享保十六年（一七三一）六月、葛野《かどの》郡御所之内村の郷士八木与一左衛門の悴元右衛門が帯刀したことについて、京都町奉行所は、「惣じて郷士なるものは、奉行所へ願い出て、「其身壱人」に「帯刀」を許可した者（百姓）である。追って相続するときに、悴もまた願い出て、「帯刀」の許可を受けねばならない。にもかかわらず、元右衛門は断りもなく帯刀をしたので「不届ニ付《つき》、刀取上ケ」に処した」と町触で広く知らせた。同触には「このほかにも「郷士之分」を心得違して、忰に帯刀させているものもいるようだ、もしそのようなものがあれば、庄屋・年寄までも過失とする」とも記されており、同様の行為を牽制している。「郷士之分」の心得違というが、それは個人限定の帯刀許可を、家の身分へと及ぼそうとする、意図的な帯刀制限の逸脱であったともいえよう。

宝暦七年（一七五七）十二月の京都の町触では、医師など非常帯刀を認められた者が「同居の親類や、田舎から出てきた縁者などに、猥《みだ》りに帯刀させており、不埒《ふらち》である。非常帯刀を許可された「本人」以外は、決して帯刀してはならない」と令している。帯刀人が、同居する家族や親類縁者に対し、勝手に帯刀させる事態が生じていたことが知れる。

文政九年（一八二六）二月の京都の町触でも、「非常旅行帯刀」などを許可された者たちが「仮初《かりそめ》に帯刀しているようだが、不埒な事である。猥りに帯刀してはならない」「そいつの身に非常旅行帯刀が許可されたからと言って、刀を差した者を供に召連れることは、決してあってはならぬことである」と、山城国中に触れている。非常帯刀を許容された百姓・町人が「仮初」（許可条件を超えて、私用でも、という意味であろう）に帯刀し、かつ武士が若党を従えて歩いたように、帯刀させた家来を従えて歩きだしたのである。

このように支配側は、非常帯刀は「其身壱人」（「本人」）にのみに許可されたものだ、という原則を以て度々警告を加えた。それは逸脱行為が横行していた反証でもあろう。

実際、各地で行われるようになっていた帯刀許可は、家族、殊に嫡子の帯刀について、同様の問題を頻発させている。例えば鳥取藩では、寛政九年（一七九七）五月に「御目見医師（町医師）の帯刀は「其身斗《ばかり》」（本人だけ）に限るはずで、親子兄弟であっても、帯刀してはならないのに、近年「紛敷《まぎらわしき》」ことがある。御目見医師の帯刀は、あくまで医師本人「其ものへ被成御免《ごめんなされ》」たものであり、家族まで帯刀してはならない」と令している。「紛敷」こととは、もちろん許可者がその家族や縁者にまで、勝手に帯刀させたことをいっているのである。

尾張藩の非常帯刀

尾張藩では、宝永六年（一七〇九）五月に、村々で「刀御免」となっている者について、帯刀許可の種類を調査し、以来、度々帯刀人の調査を行っている。

享保二十年四月には、こうした百姓の帯刀許可者に対して「継目《つぎめ》之節」（次代への相続の更新手続きを命じていたが、安永六年（一七七七）八月に「嗣目之節、心得違、役所筋え不相願《あいねがわず》、親代通相心得《とおりあいこころえ》候者」、つまり更新手続きをせずに、親が許可されていた帯刀を無届で継承することが問題視されており、届出の徹底を命じた。さらに天明八年（一七八八）四月には、苗字帯刀を許可した百姓たちのうち、道中往来の節に、藩士のように先触を発するなど、そのほか「御家中ニ紛レ」るような行為が「僣上《せんじょう》之風儀」として、問題視されるようになっている。寛政二年（一七九〇）二月には、最近「帯刀免許之百姓共」が、名古屋往来その他で、下人に武家風の看板（中間《ちゅうげん》などが着用する法被）を着用させるなど、「全ク御家中ニ紛敷なりふりニ而《て》あるき候者」がいると指摘、以後その禁止を命じている。そのとき同藩は「百姓どもの帯刀は、もちろん「其者斗《ばか》り」に許可したものなのに、免許のない「其者之子弟」まで帯刀することは「甚以不埒」であり、厳しく処罰する」と村々に通達している。苗字帯刀許可者が、家族や家来に帯刀させ、家来に看板を着せ、武士一般と同様の外見で歩く行為が、尾張藩でもみられたのである。

弛緩する原則

しかし同年十一月、尾張藩は「在々百姓共之内、苗字帯刀差免置《さしめんじおき》候者之忰共幷兄弟等」に対し、大きな妥協的措置を講じ始める。藩領の「宿々本陣問屋幷往還筋川々御用相勤《あいつとめ》候船庄屋等之内、苗字帯刀差免置候者」の「惣領壱人ハ、父同様苗字帯刀いたし不苦筈《くるしからざるはず》」とし、一部については、惣領息子が帯刀することまで許可したのである。

天保五年（一八三四）十月時点になると、同藩百姓の帯刀免許は、①「役儀相勤候内」、②「一代切」、③「父名代幷父ニ差添罷出《さしそえまかりいで》候節」、④「何見廻役相勤候内」、⑤「右御用ニ付罷出候節斗《ばかり》」という設定がみえる。①④は役儀限定、②は一代限、③は帯刀御免の者の忰が、父の名代や父に従って役所に出向く場合、⑤は非常の役儀・旅行の帯刀と分類できる。

尾張藩では、非常帯刀許可者の息子について、父の名代や付添いとしての場合、帯刀を認め始めたことがわかる。しかし非常帯刀許可は、本人一人限定で、より正確には、その本人でもなく、本人が帯びた身分とは異なる何らかの「分」（役儀・職分など）に付与されていたはずである。嫡子までを「父同様」に緩和する措置は、非常帯刀許可を、自身の家の身分上昇にすりかえる、つまり職分としての帯刀を、身分としての帯刀へと転化させかねない。非常帯刀本来の設定経緯と意義からすれば、これは明らかな逸脱なのである。

また武士の帯刀か、百姓・町人の非常帯刀かは、草履取・若党などの供連れの有無により、ある程度区別できたはずだが、これも逸脱行為により、いわゆる大名家中と姿が「紛レ」、区別することが出来ない状態が生じた。非常帯刀は、こうした逸脱行為の前に、次第に設定の本意を見失っていったのである。

免許する側

百姓・町人に帯刀を免許する側に視点を移してみよう。これには大きく二系統がある。Ⅰ幕府の許可によるものと、Ⅱそれ以外の許可によるもの、である。Ⅱは大名・旗本以下の私領主、朝廷、公家など、幕府以外のすべてである。ⅠとⅡには、大きな違いがある。

寛政三年二月、伊勢亀山藩主石川日向守（総博《ふさひろ》）の家来から、勘定所留役組頭甲斐庄《かいのしょう》武助に、口上で、私領の百姓・町人の苗字帯刀許可について問い合わせがあった。これについての甲斐庄の回答は、次の通りであった。

① 私領の百姓・町人などに苗字帯刀を許可するのは、領主の指示で済むものである。それを、どこか（幕府の役所など）に届け出る必要はない。

② 領主から帯刀を免じられたものは、他所他国へ出かけるとき、帯刀してもかまわない。しかし公儀（幕府の評定所などの役所）に出頭する際には、帯刀してはならない。領主から帯刀御免の百姓・町人だと申し立てても、公儀では「領主より差免し之帯刀之者」は「帯刀之格」として取り扱わない「御規定」になっている。

③ 領主が公儀に対し、「うちの領民の何兵衛を苗字帯刀にしてください」などと申し立てても、公儀からそれを免許することはない。公儀に対する「御奉公」で「寄特」

のことがあれば、公儀のほうから、免許することは格別であるが、大名側からそんな申請をしても、許可することは、まずないことである。

またこの前年の八月、小諸《こもろ》藩主牧野内膳正（康陛《やすより》）の家来からも、「領主が自分の領民に苗字帯刀した場合、それは「領分限り」で、幕府に届け出る必要はないのか。それを規定した御触などがあるのでしょうか」という問い合わせがあったが、甲斐庄は同趣旨で返答している。

幕府は、領主による苗字帯刀の許可を「領分限り」と位置づけ、幕府の評定所や奉行所に、こうした苗字帯刀許可の百姓などを呼び出す場合は、通常の「百姓並」に取り扱うことを原則としていた。一方いうまでもなく、幕府の帯刀人は、私領でも帯刀人として扱われたはずであり、ⅠとⅡには、明らかな格の違いがあった。

しかし、その原則で大丈夫なのか。実は幕府自身にもためらいがあったらしい。

寛政十二年十一月、評定所は評議の結果、「領主が家来に召抱え、格式を許可している者を、「一般ニ百姓並」に取り扱うことは「不穏《おだやかならざる》筋」であるから、「一定之取扱」にしては、却って不相当になるので、「以来モ事実次第」に判断する」としている。つまり私領主が家来に召抱えた元百姓・町人や、苗字帯刀を許可した百姓・町人については、一定の方針を定めず、その事件ごとに、「時宜次第相当之取扱」をすることにしていた。百姓・町人への苗字帯刀許可は、武士との境界線を曖昧にし、身分秩序に混乱をきたし始めていた。

享和元年令の真意

享和元年（一八〇一）七月十九日、幕府は次のような触書を出した。

百姓・町人、苗字相名乗幷帯刀致候儀、其所之領主地頭より差免候儀は格別、用向等相達候迚《とて》、御料所は勿論、他領之もの共え猥ニ苗字を名乗セ、帯刀為致《いたさせ》候儀は有之《これある》間敷事《まじきこと》ニ候間、堅可為無用《かたくむようたるべく》候

百姓・町人の苗字帯刀は、領主が自分の領民へ許可することは構わないが、用達などを勤めているからと言って、幕府領や他領の者に苗字帯刀を許可してはならない。つまり、領主が領民以外に苗字帯刀を免許することを禁じたものである。

この一か月前、勘定奉行菅沼下野守（定喜）は、京都代官小堀縫殿《ぬい》が管轄する山城・大和・摂津・丹波国の村々の百姓たちのうち「帯刀いたし、苗字を名乗候もの」の問題を取り上げ、評定所において評議された。こうした存在は、公家や寺院などの諸家が、領民でない百姓・町人に「立入」（館入）などという名目を与えて、苗字帯刀を許可することで、生まれていたらしい。かつて禁止された「家頼分」のような存在が、再び出現していたのである。

評定所は、当然これを問題として認識した。しかし「彼等を処罰すると、事情により、「差支」が発生するかもしれない。だからといって、捨て置くべきことでもない。御触を出して、自然と止むように、穏やかにしておこう。それでも、心得違のものがあったなら、その時々に吟味した方が、いいんじゃないか」。そう決するにとどまった。

そこで出されたのが、右の触なのである。触の文面が公家や寺院を名指ししていないのは、「穏やかに」しておくためであったろう。しかし百姓・町人が、その領主以外の権力から、苗字帯刀許可を受ける。そこには苗字帯刀を欲する百姓・町人と、それを許可することで礼金を得られる公家や寺院など、という構図がある。苗字帯刀許可の増加は、その魅力に取りつかれた者たちと、それを利用する者たちの増加によって、起こっていたのである。

支配の混乱

支配領域を超えた苗字帯刀等の格式許可が、種々の混乱をきたしていたことは、先の神職などの事例でも見た。江戸の幕府内部の支配系統においても、それは起こっている。

天保十四年（一八四三）三月、幕府は小石川養生所に町医師を雇入れた。その際、「御雇中医師共」は、「出役中」のみの帯刀を許可された。ところが安政二年（一八五五）になると、「勤中帯刀」を許可された右の医師は、あくまで町医師であるから、その身分は「町奉行支配」の町人である。しかし明確に「町奉行支配」だとの仰渡しがないため、「彼是不都合」も生じたという。そこで以来は、養生所へ「出役中」でも町奉行支配だと心得ると、同奉行が申告している。町医師が帯刀という身分標識を纏ったことで、その支配（管轄）のありかたについて、混乱が生じたのである。

帯刀し得る職分の付与、すなわち非常帯刀の許可が、身分を把握する領主とは別系統の支配権力・社会集団からなされれば、当然、身分支配と職分支配との間に衝突を引き起こした。

地下官人である御蔵小舎人真継《みくらこどねりまつぎ》家による職分支配が強化されていく鋳物師《いもじ》の場合もそうである。文化三年（一八〇六）七月、真継美濃守が「鋳物師は「職分」につき、「非常之節」は苗字帯刀する。それは「由緒」によって「往古」よりしていることだ」などと高崎藩に通告し、同藩領群馬郡上新田村の鋳物師儀左衛門・森右衛門・甚兵衛にその格式を許容した。しかし同藩は、「苗字帯刀之義ハ、非常たりとも御領分人別ニては不相成《あいならず》」として、同藩町人身分として人別把握をうける彼等の苗字帯刀は、たとえ「非常」限定でも許容しないとして認めなかった。なおこの判断は、寛政七年、同藩下新田町の仏師源治が上京して法橋《ほっきょう》の僧位を与えられ、名前も仏師玄用と名乗り、御室御所《おむろごしょ》（仁和寺《にんなじ》）より苗字帯刀を許容されたが、「御城下町人別」の者であるから、決して許容しがたい、と判断し、認めなかった先例を適用している。

高崎藩の場合、職分限定の非常帯刀を頑として認めなかったが、職分支配は着実に身分支配の領域を侵食し始めていた。身分を把握する領主以外から、苗字帯刀する職分限定の格式を付与された場合、その身分の取扱にまで、支障をきたすようになってきたのである。

保証人による帯刀免許

京都における浪人、医師、郷士などの帯刀は、公権力の許可ではなく、師匠や寺院が保証人となることで成立している。

たとえば京都両替町の弘化二年（一八四五）「帯刀人改帳」をみると、嘉永四年（一八五一）四月六日に「儒医帯刀」が公認された別所雄助は「遍照寺秀観請合《うけあい》」、つまり檀那寺住職の保証によって成立しているし、同じく医師俵保蔵の「帯刀」は「聖護院御内上田元孝門人」であることが明記され、師匠が保証人となることで帯刀人と認められている。また、京都では、地下官人の小森典薬頭が、医師に帯刀免許を与える存在であった。これも「小森典薬頭門人」の肩書での帯刀人となり、師匠の請合による一種といえる。なお、郷士の場合も、山城国葛野郡壬生村の郷士八木氏の事例からは、「郷士」と公認されるためには、庄屋・年寄による願書と、由緒書、そして寺院の請合証文が必須書類であったことがわかる。郷士の場合は、それを認めるか否かの判断は、村が握っていたといえる。

人より理由を

帯刀許可は、幕府のほか、その他様々な諸権力により行われた。つまり一人の人間が、複数の帯刀許可を獲得する事態も生じたわけである。そうなると、単に誰が帯刀人か、その人数や名前だけ把握しても、意味がないのである。

江戸時代後期、京都の帯刀改では、同一人物が複数の帯刀許可を受けている場合、これを帯刀理由ごとに書上げている。具体例として、京都六角油小路東入町（本能寺町）に居住した町人である前川《まえがわ》氏父子について、同町が安政三年（一八五六）に京都町奉行所に提出した「帯刀人改帳」によりみてみよう（表4）。

なお、京都町奉行所は公認した帯刀人について、その居住町（「所」）に対し、同町の誰がどういう理由で帯刀するかを通知した。これを「所付《ところづけ》」といい、一五七～八頁に掲げた史料にみえる「所《ところ》江《え》被仰付《おおせつけられ》候《そうろう》」とは、町がその通達を受けていることを意味する。右肩に書いてある年月日は、帯刀の届出、あるいは品替りによる改名などの情報の更新届が、町奉行所から許可された日付である。

表４　京都の町の帯刀種類（弘化２年以降の書式）

<table>
<tr><th></th><th>帯刀の種類</th><th>帯刀の内容</th><th>対　　象</th></tr>
<tr><td>①</td><td>帯刀</td><td>常帯刀</td><td>武士一般（武家・公家そのほかの家来），地下官人（専業），医師など</td></tr>
<tr><td>②</td><td>儒医帯刀</td><td>儒医としての常帯刀</td><td>儒医のみ</td></tr>
<tr><td>③</td><td>非常旅行帯刀</td><td>非常（出火など）と旅行（道中）での非常帯刀</td><td rowspan="3">町人（地下官人の兼業者，役義を帯びている町人など．「役儀」の種類は，それぞれ許可者によって違いがある）</td></tr>
<tr><td>④</td><td>役儀之節斗帯刀</td><td>役儀(※)のみでの帯刀</td></tr>
<tr><td>⑤</td><td>役儀之節幷非常旅行帯刀</td><td>（③・④両方を許可されている場合の書式）</td></tr>
</table>

※幕府などの役儀は「御用」とも称し，「御用之節」と記載されることが多い．

出典：尾脇秀和「近世の帯刀と身分・職分―「非常帯刀」の設定と逸脱―」（『日本歴史』798号，2014年）

弘化二巳年十一月朔日
一　役義幷非常旅行之節
　帯刀之儀所江被　仰付候

家持
禁裏御所御香水役
前川隼人之助事
前川荘左衛門

天保十三寅年四月廿日
一同断

同断
前川主税之助事
前川五郎左衛門

弘化二巳年八月廿七日
一　御用幷非常旅行之節
　帯刀之儀所江被　仰付候

糸割符
前川荘左衛門

同日
一同断

同
前川五郎左衛門

嘉永四亥年十月十一日
一同断

同
前川八郎

右三人之外、私共町内裏借屋ニ至迄、同居もの等悉相改候処、一切帯刀人無御座候、以上

本能寺町

安政三辰年九月

年寄　伊八

五人組治助

御奉行様

前川荘左衛門《そうざえもん》（義陳）は、京糸割符として「御用」と「非常旅行」限定で帯刀する。しかし同時に朝廷に属する地下官人たる御香水役人《おこうずいやくにん》でもあり、このときは「前川隼人之助《はやとのすけ》」と名乗って、その「役儀」と「非常旅行」限定で帯刀した。これは一人が二つの名前を同時に保持して使い分ける「壱人両名《いちにんりょうめい》」（公認された者と非公認の者とがあるが、ここでは前者）といわれる存在形態である。その嗣子《しし》前川五郎左衛門（義貞）も、父と同じく帯刀理由と名前を二つ有し、義陳の息子八郎（義明）は、京糸割符としての帯刀のみである。このように、本能寺町における帯刀人の数は三人だが、義陳・義貞が帯刀理由を二つ持ったため、五つの帯刀理由が書上げられている。帯刀人改は、人数以上に、帯刀理由の把握が重視された。許可された条件での行使が重要だからである。

帯刀理由は識別できない

しかし義陳・義貞が帯刀している時、どちらの理由による帯刀か。「前川隼人之助」なのか、「前川荘左衛門」なのか。外見から判別することは困難である。御香水役人は熨斗目着用御免の格式だが、糸割符には熨斗目着用が許されていない。よって着ている小袖が熨斗目かどうかで、糸割符か御香水役人かの視覚的判別は、状況次第では可能である。

文久三年（一八六三）正月、前川五郎左衛門（義貞）は、三河吉田藩主松平伊豆守の用達となり、「（松平）伊豆守殿用向幷非常旅行之節帯刀」するとの所付が発給され、帯刀の理由がさらに一つ加わっている。この場合、外見も名前も糸割符の場合と同じであるから、義貞がどちらの帯刀理由を行使しているか、外見から判別することはほぼ不可能である。

また同家は文化期頃より、旗本杉浦家の掛屋《かけや》・用達も勤めている。文久元年七月に京都における「苗字名乗帯刀致候者」の調査の際、「杉浦牧豕郎用達前川五郎左衛門」については「右糸割符ニ而非常旅行帯刀仕《つかまつり》て、苗字相名乗申候」と記している。つまり義貞は、幕府公認の帯刀人たる糸割符の格式を、私領主の用達としての場面にも、拡大行使していたことがわかる。

このように同一人物の帯刀にも、複数の帯刀理由が存在し、その帯刀を発現させる条件が制限されている。江戸時代の後期には、同一人物による、一見同じに見える帯刀にも、複雑な背景が存在するまでになっていた。

役儀の付与、職分の獲得、献金などの褒賞……。さまざまな理由のもと、苗字帯刀を許可された百姓・町人が増加していった。しかもそれは、本来、個人への免許であったが、次第にその子・孫へと、実質的に継承させる動向も生まれていった。それ故に人々は、これを欲したのである。そして獲得したあとには、「帯刀」は、一般庶民との差異を、外見だけで簡単に示すことができる。また非常帯刀で我慢ができなくなると、自身の家族や縁者にも、これを及ぼそうとした。非常帯刀本来の常帯刀への上昇も望むようなった。しかしそれらを認めてしまうことは、設定意義とも違い、褒賞としての本意にも背く、逸脱行為に違いなかった。苗字帯刀する百姓・町人の増加と、その逸脱行為は、人間の、あくなき欲望と虚栄の結果であった。

こうした状況を、広瀬淡窓《ひろせたんそう》は『迂言《うげん》』において、次のように喝破した。

諸国共《とも》ニ町人・百姓ニ苗字帯刀ノモノ沢山《たくさん》ニナリ、一向上《かみ》ノ用ニモ立タズ、人ノ為ニモナラズ、政事《せいじ》ノ妨《さまたげ》ニハナルナリ

苗字帯刀ノモノ沢山ニナリ……

特別な身分標識としての「帯刀」を、人々は追い求めた。領主などの支配側も、その欲望を利用して、これを与えたのである。しかしその増加は、近世社会の基礎である身分秩序に、深刻な混乱をきたしたのである。

白刃に血が滴るとき――終わりの序曲

刀に縛られた武士

江戸時代後期までに、さまざまな帯刀人たちが増加したことで、武士たちは、「帯刀」の主人公ではなくなってしまった。もちろん、彼らこそ「刀」を本来の用途で使うべき存在であり、本家本元の「帯刀人」には違いなかった。そしてそれ故に、帯刀が身分標識化したことは、武士の帯刀にも、影響を与えたのである。

役儀限定の非常帯刀は、百姓・町人が「役儀」を勤める時だけ帯刀して、「お役人」になるものであり、「私用」での帯刀は厳禁されていた。これに対して武士は、常に「役儀」であるから、その徴《しるし》である帯刀も公私の別なく、常にしていなければならない。故に彼らが帯刀せず、百姓・町人のように脇差だけや無腰で出歩くと、それだけで処罰されるようになっていった。旗本・御家人ほか武家奉公人の犯罪についての判例集である『以上幷武家御扶持人例書』をみると、帯刀せずに無刀、ないし脇差一本で出歩いた場合、その「身分」にあるまじき行為だとして処罰された例が多く確認できる。帯刀は身分標識である。故にそれを勝手に外して歩くことは、身分の詐称になってしまうのである。

帯刀が身分標識になった結果、武士は刀を常に身に着けておかねばならなくなった。彼らの帯刀に、着脱の自由はない。それは特権というより、義務と化していたという方が正確である。

召し捕えろ

幕府の役人が凶悪な盗賊を、現場でばっさりと切り捨てる——。このような時代劇のシーンは、実に爽快である。しかし実際の幕府の役人たちは、現場判断で抜刀し、殺傷してはくれないのである。

江戸時代の初期、幕府は「火事場での狼藉者や不審者は「殺害」する」とか、「場合によっては「打捨」る」といった、勇ましい町触を出していた。しかし延宝期（一六七三～八一）頃からは、この脅し文句がなくなり、次第に「召し捕えるぞ」ばかりに変わっていく。

幕府は盗賊や不審者の取り締まりを通達するとき、「何々の行為を行ったら、召捕える」という文言ばかりを繰り返す。幕府の役人は、犯罪者に対し、なにより捕縛を第一とした。

江戸の町奉行所の与力《よりき》・同心《どうしん》は、犯罪者を捕縛したときに褒美が出る規定がある（『以上并武家御扶持人例書』）。しかしそこには、現場で凶悪犯を討ち取った場合の規定はない。凶悪犯ならその場で殺害しても、見事な武功だと、褒められそうである。しかし実際に賞美されるのは、あくまで「召捕候もの」、犯人を生きた状態で捕縛したときだけなのである。

非常事態の「打捨」

しかし十八世紀末〜十九世紀初め頃になると、非常事態時には、犯罪者への「打捨」（「切捨」とも。両方同じ意味に使用される）措置も発動した。

天明の打ちこわしが発生した天明七年（一七八七）五月、幕府は長谷川平蔵ら御先手一〇名に対して、江戸市街の見回りと、「あはれ候ものとも」の捕縛を指示した。その際「手ニあまり候ハヾ切捨ニ致シ候《そうらい》ても不苦《くるしからず》」と、非常事態における特別措置として「切捨」の発動を許可している。非常事態時には、こうした「切捨」の許可が発令される。

逆にいえば、通常は許可されていないことの裏返しでもある。

寛政三年（一七九一）四月、凶悪な盗賊が横行した時も、幕府は巡回の人員を増やし、特別警戒体制を敷いた。御先手・御船手にむけては、不審者の捕縛を命じるとともに、「手向ひ候ハ、打捨候て不苦事ニ候」と、「打捨」発動の許可を指示した。また町の木戸番に対しても「弥《いよいよ》盗賊ニ候ハヽ、召捕候共、打殺候共可致《いたすべく》候」と強烈な指示を下している。非常事態での犯罪者の殺傷は、幕府役人だけではなく町人にも許可されたのである。さらに大目付に対しては、武家屋敷に盗賊が侵入した場合、「召捕候ニも不及《およばず》候間、打捨ニいたし、可相届《あいとどくべく》候」と、捕縛よりも打捨を優先して、事後報告でよいことを通知している（以上の警戒体制は、同月に盗賊が捕縛されたため、解除された）。

つまり非常事態の「打捨」には、①捕縛優先の「打捨」と、②捕縛より「打捨」優先、の二段階があったが、幕府役人に許可されるのは、この段階では①までである。なお、肥前国平戸藩主であった松浦静山《まつらせいざん》は、随筆『甲子夜話《かっしやわ》』のなかで、この寛政三年時の触を筆録して、「此頃《このころ》の御令、愉快とや云べき。士風を興起せん、この秋《とき》なるべし」とのコメントをつけている。この命令が、いかに珍しい文言であったかが知れよう。なお、天明七年十月、関係もないのに火事場の見物に来た者は捕縛し、「及異儀《いぎにおよび》候ハ、切捨可申《もうすべく》候」とした触書もある。こうした「火事場での不審者や消火の妨害になる者は召捕える、場合によっては「打捨」るぞ」、という文言は、十七世紀半ばまでの町触によく見られた常套句であるが、どうも天明末〜寛政初期、つまり寛政改革期に、妙に好んで使用され出した感がある。なお、こうした「打捨」が実行されたかどうかは、確認できない。

幕府の役人ですら、非常事態の「打捨」発動許可が下らない限り、安易に刀を抜くことはない。平和な時代、身分標識と化した刀は、抜くために差すものではなくなっていた。盗賊は、捕物道具を以て「召捕」るもので、問答無用での殺傷は、通常認められていない。

幕末の異様さ

幕府は捕縛を第一とした。捕縛優先の打捨、すなわち「手ニあまり候ハヾ切捨」という、非常事態における「打捨」許可命令は、大塩平八郎の乱や打ちこわし発生の際にも見られる。しかし幕末になると、この文言は、形式的な発動許可でもなくなってくる。

嘉永四年（一八五二）四月、江戸に盗賊が横行した時、幕府は武家方に対し、武家屋敷に入り込んだ盗賊は「召捕候ニ茂不及《もおよばず》、打捨ニいたし可相届候」と、最上級の「打捨」優先を指示した。但し町方に対しても、盗賊が出たら、大声を立て、町のみんなで「捕候ニも不及候間、打殺候而可訴出候《うったえいずべく》」と、打ち殺すように指示している。盗賊がいれば「打捨」てもよい、庶民にも「打殺」してもよいと命じた。これは先にみた、寛政三年四月時と、ほぼ同じ文言・対応である。しかし幕末期の治安の悪化に伴い、「打捨」発動許可が急増し、その「打捨」が、実行されるようになっていく。

幕末には、浪士など、武士身分の者の狼藉も活発になってきた。彼らは天誅《てんちゅう》と称する殺人行為を繰り広げ始めたテロリストであり、盗賊よりも格段に悪質である。幕府は文久元年（一八六二）二月、関八州の在々で、浪人や無宿のような者が、無心がましいことを申しかけて不法を行っており、これも手に余る場合は切り捨ててもよい、と命じている。また同三年九月、幕府は番衆に対して、市中の巡邏《じゅんら》を命じたとき「狼藉者や怪しい者は取り押さえ、捕縛できない場合、「切捨」てよい」と命じた。当初は、これまで同様、捕縛優先の「打捨」発動許可で対応していたのである。

殺傷の巷

文久三年十一月、幕府は「浮浪之徒」が江戸府内で殺傷行為や「不穏《おだやかならざる》所業《しょぎょう》」を繰り返したため、昼夜見回りする人数を増加した。当初見回りを命じた大名の家来に対し、「怪しい者や乱暴人は容赦なく召し捕えろ、手に余れば切り捨てて良い」と命じていた。しかるにその数日後、もう「尋常」の方法では鎮静化できないと宣言し、殺傷・押借・悪行を行う者については、「搦取《からめとる》ニ不及《およはず》、其場《そのば》ニ而直《てじき》ニ切捨」

ろと命じた。「打捨」優先の最上級の措置である。これは慶応元年（一八六五）十二月にも同令の通り心得るよう通達されており、そこでは、酒に酔って不法狼藉をはたらくものについても、「白刃等振廻し、手に余り捕押かたく候ハヽ、身分柄等之無差別《さべつなく》、切捨不苦候」と命じている。つまり、原則は宥めて捕え押えるべきとしつつも、抵抗して捕縛困難な場合は、相手が武士であろうと百姓・町人であろうと切り捨ててよいとした。慶応四年（一八六八）七月に、江戸が新政府の支配に入ってからも、同様の通達が出されている。

江戸の治安は、幕末期、極度に悪化した。そのため幕府側も、腰の刀を武器として使用するようになった。非常事態の特別措置であった「打捨」・「切捨」発動のハードルが、極端に下がり、かつ文久三年十一月以降の江戸では、それが恒常化してしまったのである。

刀への恐怖心

幕末期、テロリストや無法者による刀の使用、それに対する役人への「打捨」発動許可の恒常化は、抜刀への抵抗を薄くしていった。抜かれるはずのなかった刀が抜かれ、人を殺傷したのである。この状況によって、江戸の一般庶民は「刀」への恐怖を覚え始めた（図30）。

明治の末期には、『幕末百話』（篠田鉱造著）など、古老から江戸時代についての聞き書きが出版されている。忘れられゆく江戸の思い出が、「近代化」した日本との対比の中で、

図30　幕末武士の横暴　明治７年（1874）刊『開化問答』初編上巻（河鍋暁斎画）より
同書本文に合わせて幕末武士の横暴を描いているが，抜刀・切捨の場面ではない．

「世の中がコセ〳〵せず、悠暢《ゆうちょう》であった」と、概ね肯定的に回想されていることが多い。しかし元江戸の町人たちにとって、長い時間が経っても、よい思い出に変わらなかったものがある。それが、幕末期の刀に対する、強烈な恐怖と嫌悪であった。

文久の頃の夜、四谷で理不尽にも侍三、四人に絡《から》まれ、殺されそうになったある町人は、その生々しい恐怖の体験を「今でもゾッとする」と語っているし、武士の殺傷現場に遭遇した町人は「代《よ》が御一新に変ろうとした文久元治、あの頃の江戸の物騒と申したら、代は闇になるかと思われ、辻斬、強盗、追剝、就中《なかんづく》辻斬物取が多うございました。腕の利いた悪旗本がこれを機に好きな真似をしたんでしょう。夜なんか滅多に出られやしません」といっているように、年月が経過しても、全くいい思い出に変わらなかったのである。

幕末期、身分標識であった「帯刀」の「刀」が、再び実用の武器としての本質を表し始めた。人々に、「刀」が武器であったことを思い出させたのである。その白刃に血が滴《したた》ったとき、人々の「帯刀」へのまなざしも変わり始める。幕末の異様な「刀」の使用は、江戸時代の「帯刀」が消え去っていく、まさに序曲であった。

明治初年の帯刀再編

消えゆく身分標識

平民帯刀の整理

変わりゆく世の中

江戸時代、帯刀は身分標識であった。身分標識としての「帯刀」利用の結果、様々な帯刀理由と、多様な帯刀人を生み出していた。麻上下《かみしも》や羽織袴姿の帯刀人が歩いていても、それが歴然たる武士か、百姓・町人の非常帯刀か、あるいは神職か修験か、それとも医師なのかは、識別できない。それが江戸時代の「帯刀」の実態であった。しかし、後に述べる明治九年（一八七六）の、いわゆる廃刀令において、こうした帯刀人については、従来話題にすら上がってこない。なぜだろうか。

明治時代は、身分を「解放」したという、後付けのイメージが先行している。しかし実際は四民平等という虚飾の下、まず江戸時代の曖昧な身分を、単純・明確に区別することを企図していた。その目的において、百姓・町人でありながら、時々帯刀して武士にもなるといった存在は、まさに排除されるべき対象だったのである。明治初年、江戸時代の帯刀人たち、特に「平民帯刀」とよばれるようになる百姓・町人の帯刀人たちが、どのように「処分」されたか、みていきたい。

幕府の崩壊

慶応三年（一八六七）十月十四日、一五代将軍徳川慶喜は大政奉還を上奏、翌日勅許された。十二月九日には王政復古の大号令により、今後摂政・関白と幕府を廃止することが宣言された。一般的に、これが新政府の発足とみなされる。しかし徳川慶喜は、幕府直轄領を引き続き支配していた。実際に大きな変化が起こったのは、慶応四年（一八六八、九月八日に明治と改元）一月三日、鳥羽・伏見の戦いの後、七日に徳川慶喜追討令が発せられ、十日に旧幕府領を新政府の直轄地とする旨が布告されてからである。新政府は、各地の遠国奉行・代官所の支配地を接取して鎮台《ちんだい》（のち裁判所や鎮撫総督府等に改称）等を置き、旧幕府領を統治するようになった。なおこの時期の裁判所は行政機関の名称であり、現在の司法機関である裁判所とは、同名称ながら一切関係ない。

その後四月十一日、江戸城が新政府軍に明け渡された。新政府は、徳川氏によるかつての支配を「旧幕府」と呼ぶようになる。

苗字帯刀の調査

同年四月、大阪裁判所は、その管轄地域の取締役に対し、「諸国在町（大阪管内）之者共《ものども》、苗字帯刀ヲ始メ、身分ニ付、旧幕府ヨリ差許置候《さしゆるしおきそうろう》者共」について「其《その》由緒事柄等」を提出させるように命じた。同月二十九日、新政府の中央機関の一つである内国事務局（裁判所はこの事務局の下に属する）は、大阪裁判所管内で行われたこの調査を、全国直轄領に拡大することにした。そして旧幕府領を管轄した他の裁判所・鎮撫総督府に対し、大阪同様に調査するよう布令を発した。同令は、申告された「由緒事柄等」を取調べた上で、苗字帯刀等の特権の許可ないし停止を「其品ニ随ヒ取捨」することも命じている。旧幕府領が新政府の管轄する直轄領となった以上、旧幕府の許可による苗字帯刀も、新政府がその許否を判断することにしたのである。

しかしこれは、なお不徹底であったらしく、九月五日には次の如く再令して、重ねて「旧幕府ヨリ苗字帯刀」等を許可された百姓・町人の調査を命じた。

諸国御料所《ごりょうしょ》百姓町人共、旧幕府ヨリ苗字帯刀及ヒ諸役免許　幷《ならびに》扶持方等遣《つかわ》シ置候者共、其《その》府県ニテ取調、其由緒御吟味之上　御沙汰《ごさた》之品《しな》モ可有之旨《これあるべきむね》、兼テ御布令有之《これあり》候処、今以《いまもつて》等閑ニ打過《うちすぎ》候向モ有之　趣《おもむき》ニ候間、猶又其最寄ニテ早々取調可致《いたすべき》旨　御沙汰候事

但府県へ右之通被仰出《おおせいだされ》候間、御料御預之藩々ニ於テモ同様可心得《こころうべく》候事

ここで「府県」が出てくるが、これは先の閏四月、新政府では太政官制（八官の制）に移行し、裁判所・鎮撫総督府が、おおよそ府・県に改組されていたことによる。大阪裁判所も大阪府と改称していた（明治初年の府や県は、行政区画を示す地名ではなく、地方行政機関、役所そのものを指す）。この時期の地方行政は、おおよそ旧幕府領（新政府直轄領。当初は天皇直轄領の意味である「御料所」等ともよばれた）を管轄する府・県と、旧大名領である藩からなっていた。

この布告では、府・県に加え、「御料御預之藩々」（藩預所《あずかりしょ》となっている新政府直轄領、すなわち旧幕府領）にまで調査範囲を広げている。預所（預地《あずかりち》ともいう）とは、幕府が直轄領の支配を近隣の藩などに委託していた地域のことである。新政府も、旧預所は引き続き藩に委ねた地域が多かったのである。しかしあくまで調査の対象は、「諸国御料所」（旧幕府領）で「旧幕府ヨリ」（幕府より直接）の苗字帯刀許可や、諸役免除（一部租税が免除されるなどの特権）や、扶持などの支給を受けている、百姓・町人であった。この時点では、各藩領内における、藩主による苗字帯刀許可は、調査対象になっていない。新政府の管轄する府県（＝旧幕府領）と、依然旧来の支配が認められた藩（旧大名領）とは、この

点で大きく異なっていたことに、注意しておきたい。

旧幕府領の帯刀許可者

九月の再調査に対して、十月に兵庫県（元・兵庫裁判所管轄の旧幕府領。現在の兵庫県とは範囲が異なる）、十二月に大垣藩が提出した調書によると、兵庫県では九一名、大垣藩御《お》預所《あずかりしょ》では七三名の対象者があった（表5）。苗字帯刀許可（苗字のみを含む）は、大垣藩御預所では五種類、兵庫県では一二種類が確認される。これらはいずれも、褒賞としての常帯刀である。「役儀」の節の非常帯刀は、

表5　兵庫県・大垣藩御預所における旧幕府苗字帯刀許可者（明治元年10月・12月）

種　　別	人数	
	兵庫	大垣
永々苗字帯刀	4	2
永々苗字，孫代迄帯刀	2	
永々苗字，其身一代帯刀	1	
孫代迄苗字帯刀	4	
孫代迄苗字，悴代迄帯刀	4	
悴代迄苗字帯刀	4	
孫代迄苗字，其身一代帯刀	10	7
悴代迄苗字，其身一代帯刀	8	
永々苗字	2	
孫代迄苗字	8	3
悴代迄苗字	9	28
其身一代苗字	35	33
合　　計	91	73

出典：国立公文書館所蔵『公文録』明治元年第十八巻の六十五，同第三十五巻の十七．種別名は前者の表記にあわせた．

すでに旧幕府の支配が終わっているため存在しない。この時期には、褒賞の帯刀許可の原則である「其身一代」に加えて、子まで、孫まで、そして「永々」（永久に御免）までの許可が発生しているが、特に大垣藩預所で顕著なように、帯刀以上はかなり少なく、多くは苗字までの許可である。とはいえ、かなりの人数がいたことが知れよう。しかしこの苗字帯刀許可者は、実は江戸時代を通じて存在した者たちではないのである。

急増していた褒賞帯刀

兵庫県の事例をみると、苗字御免の方は、寛政や文化期に許可された者が、数例ながらみられる。その理由は困窮者へ扶助を行ったなど、「奇特」な者に対する褒賞であった。しかし帯刀許可の事例は、ほぼすべて、安政元年（一八五四）以降の献金が許可理由となっている。

例えば摂州兎原《うばら》郡御影《みかげ》村の百姓嘉納治兵衛《かのうじへえ》は、安政元年、海岸防備筋用途への出金による「悴代迄苗字、其身一代帯刀」の許可から始まり、文久二年（一八六二）、江戸城本丸普請入用への献金で「孫代迄苗字、悴代迄帯刀」、慶応三年の国恩冥加の出金により永々苗字帯刀、更に其身一代、屋敷の年貢免除、という形で、献金ごとに格式が上昇している。各献金額は不詳であるが、同県管下の苗字帯刀許可者は、いずれも彼のように、幕末期、献金によって段階的に上昇している例がほとんどである。

なお、大垣藩御預所の苗字帯刀許可者は、父の代に「永代帯刀」になった一名を除き、全員が安政六年の海防御備金の献金以降のものたちである。幕末期、幕府は、海防や長州進発などの目的で献金を募り、その褒賞・見返りとして、苗字帯刀の許可を乱発したため、苗字帯刀許可者が急増していたのである。

しかもこうした幕末期の上納金は、年賦、つまり分割払いを条件としていたから、明治元年段階では、年賦が完了していないものも多かった。明治元年十二月、尾張藩（信濃国の旧幕府領の一部を管轄）は、信濃国の旧幕府領における、献金による苗字帯刀許可者の処遇について、東山道総都督岩倉具定《ともさだ》に伺い出たところ、年賦未納金を引き続き徴収し、彼らの苗字帯刀をそのまま許可するよう指示された。資金不足の新政府としては、当然の判断だったろう。新政府の行政官弁事（政府の庶務を担当する官職。以下単に弁事と表記する）も、この指令の措置でよいとしていた。しかし同月十八日、同国旧幕府領の大半を管轄した伊那《いな》県は、「旧幕ヨリ免許ノ苗字帯刀等」の許可・不許可について、方針を「一定」させないと、「民政」に差支えが出ると申し立てた。そのため新政府は、伊那県の意見を容れて、未納年賦金の取立停止を命じ、苗字帯刀については、追って何らかの沙汰があることを通達せしめた。

こうした混乱を伴いながらも、新政府は、明治二年一月九日、次の布告を以て、旧幕府領における百姓・町人の苗字帯刀を一切廃止することを命じた。

明治二年一月令

府・藩・県管轄之地百姓・町人共、旧幕府ヨリ苗字帯刀差免《さしめんじ》シ、或ハ扶持遣《つかわ》シ、諸役免除等申付候儀、一切廃止被　仰出《おおせいだされ》候事

これにより、「府・藩・県管轄之地」の百姓・町人で、「旧幕府ヨリ」の苗字帯刀許可や扶持給付・諸役免除等が「一切廃止」とされた（以下、これを二年一月令と呼ぶ）。旧幕府による特権付与は、新政府によって、すべて否定されたのである。

同令は新政府直轄領、すなわち旧幕府領における、旧幕府から許可された、平民帯刀の全廃令である。その対象範囲は、あくまで府県と、藩が預所として管轄する新政府直轄領（旧幕府領）だけである。この時期、藩は旧大名である藩知事の管轄であり、藩の領民は同令の対象に含まれない。

もっとも、同令の対象範囲については、当初から混乱もみられた。同年十月以前に（正確な時期は不明）、小幡藩は「藩の百姓・町人のうち「身柄又ハ功労有之《これある》モノ」に対しては、これまで苗字帯刀等の格式を許可してきた。これについても、二年一月令で「差留《さしとめ》」にな

るのか」と政府に問い合わせた（「身柄あるもの」とは、由緒などの特に「身分」がある者、という意味である）。弁事はこれに対し「其《その》藩内限リ差許《さしゆるし》候儀ハ不苦《くるしからず》候事」、つまりその藩内の百姓・町人に苗字帯刀等の許可を与えることは構わない、と回答している。

同年十月、篠山藩も「二年一月令について、新政府が小幡藩への回答した通りに心得てよいか」と確認の問い合わせを行い、弁官（二年七月官制改革により、弁事は弁官と改称）からは「そのように理解して問題ない」と回答されている。各藩の百姓・町人への苗字帯刀許可は、この時点では継続してよいとされたのである。

二年一月令は、「旧幕府」という過去の権威による、苗字帯刀等の特権許可を認めないことを示したものである。「帯刀」という身分標識自体を廃止したものではない。新政府も、旧幕府同様、新たに百姓・町人に対する、苗字帯刀許可を行い続けるのである。しかしそこには、ある一定の自制が作用し始める。

帯刀許可の自制

明治二年一月二十八日、伊那県は、県の御用金掛りや、「御用向」を格別誠実に勤めた者、または裕福な身分で長年国事に苦心し、勤王の心のある者、あるいは困窮者を救助したり、政府の「御趣意」を重んじるなどの「奇特」な者に対し、「御用勤役中」だけ、あるいは「一代限リ」の「苗字帯刀」などを、その功績の軽重に応じて、奨励のために「御賞」として与えたいと、弁事に指令を仰いだ。つまり旧幕府時代同様、「勤中帯刀」や褒賞としての苗字帯刀許可を行いたい、と提案したのである。このとき同県は、「村民どもに苗字帯刀を許可すると、「僭上《せんじょう》ノ弊《へい》」を醸成するかもしれないので、容易には行わず、詳細な調査の上で行い、みだりに与えないようにします」とも申し添えている。身分標識たる苗字帯刀許可が百姓らに驕りを生じさせる。それは、江戸時代に、帯刀が身分標識としての価値を高めて以来、ずっと意識されてきた通りである。

これに対して弁事（この時点ではまだ「弁事」である）は、百姓・町人への苗字帯刀許可は、「県中御用相勤候者」への帯刀許可（勤中帯刀）に限定し、それも県の独断で決定せず、その人物について調査の上、弁事に許可を伺い出るように命じた。また功労者に対する褒賞は、苗字帯刀ではなく「金帛《きんぱく》ノ類」、つまり褒賞金などを与えて処理するように命じた。この時点で、すでに勤中帯刀以外の平民帯刀、つまり功労・献金者等に対する、褒賞としての帯刀許可については、抑制する意識がみられる。

同年二月、久美浜《くみはま》県（元・久美浜代官所、生野代官所支配の旧幕府領などを管轄）は、管下の百姓・町人身分の帯刀人について、弁事に伺いを立てた。同県には、①御一新の際に農兵となり、帰村後も帯刀している者、②自称郷士として帯刀する者、③戊辰戦争で山陰鎮撫使が巡国した節、「国侍」と称して、苗字帯刀を許可された者、などが存在したという。これら「農民帯刀」「商農帯刀」は廃止し、功績のある者を士族に登用して、それ以外は「其身一代限」や「永世」の「苗字而已《のみ》」の許可で処理したいと提案した。この件について、弁事から照会を受けた民部省は、県管内の分は、二年一月令を適用して、原則「帰農」させるべきと命じた。ただし鎮撫使による許可は、すなわち新政府の許可した分である。そのためか、県の裁量で処理できない分は、取り調べて上申するように命じている。

府県の逡巡

しかし二年一月令の実行に対して、逡巡を示した府県もあった。

明治二年二月五日、長崎府（元・長崎奉行支配の旧幕府領を管轄）は、弁事への伺いにおいて、次のように述べる。「二年一月令による、旧幕府の許可した苗字帯刀等の廃止は当然だと思います。しかし旧幕府時代に、海岸防備のため、大砲の献備や献金を行って苗字帯刀御免となった者も少なくありません。こうした大砲や台場は、今では「天朝」（天皇・朝廷）のものです（つまり結果的に国に奉公をしたというべき者である）。そんな彼等の苗字帯刀まで、一律に廃止してよいのですか。一応、お伺いします」。弁事はこれに、先の伊那県に対する回答と全く同文で指令しており、例外を認めず、すべて二年一月令の廃止対象と断じた。

また同年三月、韮山県《にらやま》（駿河・相模ほか、元・韮山代官所支配の旧幕領を管轄）は、安政二年（一八五五）、幕府から苗字帯刀を許可されていた武蔵国久良岐郡《くらき》泥亀新田《でいきしんでん》の取締向を勤める段右衛門《だんえもん》と、その忰で名主の亀一郎について、二月一月令で苗字帯刀は廃止されたが、明治元年四月頃、新政府へ献金等を行った功により、改めて苗字御免にしたいと伺い出ている（弁官からの指令なし。恐らく不許可）。ちなみにこの段右衛門は、永島段右衛門という、この新田の開発者の子孫であり、明治期には名主・戸長として活躍している。

新政府は、府県が官員（官吏）に登用、あるいは「御用」を勤める百姓・町人に許可する勤中帯刀のみを抑制的に認めている。しかし「勤功奇特」による褒賞として、府県が苗字帯刀を許可することは、基本的に認めない方針なのである。

逡巡の理由　長崎府は同年五月六日にも、管轄地域の庄屋らの帯刀を廃止することに対し、反対の意志をにじませながら、弁事に伺いを立てている。それはおおよそ、次のような意見であった。

①　長崎・浦上・淵村の庄屋は、長崎付《つき》と称し、天正十五年（一五八七）、豊臣秀吉の九州征伐の際に任命された由緒がある。天和元年（三年の誤り）に苗字帯刀が停止さ

れた後、文化六年（五年の誤り）のフェートン号事件の時に、帯刀御免に復し、以後代々帯刀してきたものたちである。苗字帯刀を停止すると、下民の人心を取り鎮める上でよくないのではないかと考えます。これまで通りにしておくべきではありませんか。二年一月令により、断然とやめさせるのですか。

②　庄屋たちは「一村ノ棟梁」（村の頭）であり、「小民」（一般百姓）を教諭する者でありますす。「小権」（少しの役威）を与えずにいたら、「小民」たちが庄屋を侮るかもしれません。天草郡の庄屋も、これまで苗字帯刀でありました。これらもどう取り扱ったらよいのですか。

③　長崎府だけが他と違うわけにもいかないのは、承知しています。しかし近国諸藩の庄屋たちは、士籍の者や徒士格を与えられた帯刀人が勤めております。帯刀を差しとめれば「庄屋・平百姓ノ区別」もできなくなってしまいます。せめて苗字だけでも許可すべきではありませんか。

これに対し、弁事からの指令はない。例外なく廃止の対象とされたらしい。

二年一月令に対して、現場の府県では、百姓・町人への苗字帯刀許可の廃絶を逡巡し、むしろ残存させたいという意識も窺える。そこには、帯刀という身分標識がなくなると、庄屋の役威がなくなり、一般百姓に侮られて統治に支障が出るとか、外見で庄屋と平百姓の区別ができなくなることを気にしている。これまでの身分標識としての役割を意識して、帯刀の一律的な廃止を嫌っていたことがわかる。

京都府の帯刀許可

二年一月令後、府県による、新たな百姓・町人へ苗字帯刀許可を行う規定の整備は、二年二月、全国に先駆けた京都府（元・京都町奉行所支配の旧幕府領などを管轄）の規定案がある。

同府は、新たに設置・任命した町人身分の大年寄に「苗字帯刀免許」、中年寄・副年寄に「苗字免許」、用医（公務に奉ずる医者）に「苗字帯刀免許」、諸府県用達は「苗字帯刀免許」、御用書林・用達書林に「苗字免許」とした。しかし彼らはあくまで町人として、町年寄の支配と規定された。

一方、中央政府の諸官省に「召抱《めしかかえ》」となって出仕する場合は、民籍を除いた上で「苗字帯刀免許」となり、「当府配下」（京都府管轄）から外れ、士分へ身分移動したものとされた。なお、儒者や医師は「世上之為ト可相成者《あいなるべき》」で「尊ム」べきだとして、苗字帯刀を認める対象としている。儒医・医師の帯刀は、すくなくとも京都では継続されたらしい。

京都府管内の百姓・町人に与えられる格式は、「役中苗字」・「役中帯刀」（府に勤務するとき苗字帯刀を許されるもの）・「其身一代苗字」・「同（其身一代）帯刀」の「四等」と規定された。ただしいずれも本人限りの許可で「総テ容易ニ子孫ニ及《およぶ》ヲ厳禁」している。

この規定は、京都府独自のものである。京都町奉行所時代の帯刀改の経験が、多少ならず活かされたようで、従来の非常帯刀の取り扱いと一致する点が多い。

府県奉職規則　新政府が全国府県下の百姓・町人に対する、苗字帯刀許可規則を明文化したのは、二年七月二十七日に布達した、「府県奉職規則」においてである。

この規則は、府県が行う民政について定めたものである。民政上の賞罰を述べた三か条目の付則において、①「忠孝・節義・篤行ノ賞典、養老ノ典等」における「永代及ヒ其身一代苗字帯刀ヲ免許スル等重賞」は、その人物の功労を記して民部省へ伺い出ること（褒賞としての苗字帯刀規定）、②「勤役中苗字帯刀ヲ免許シ、其他金穀等ヲ与ル等軽賞」は、その府県に委任することが明記された（勤中苗字帯刀と褒賞金の規定）。「民」（百姓・町人）に対する帯刀免許は、その主体が新政府や府県（前述の通り藩も免許可能）に移ったものの、江戸時代以来の、褒賞としての利用と、身分標識としての利用（勤中帯刀の系統）とを継承する規則が、ここで明文化されたのである。

このうち勤中帯刀については、この規則に基づき、地方官はもちろん、政府諸官省も、実際に許可を行っている。例えば三年六月、京都学校は京都府下の町人銭屋藤蔵を、学校での「在勤中苗字帯刀」させ「前川藤蔵」と名乗らせることを上申・許可されている。また、同月には宮内省から、「御駐輦中仕丁格」として雇い入れた京都府下八瀬童子に「御雇中帯刀」させるとの願いが出されて、これも許可されている。

褒賞利用の制限

しかし先に見たように、褒賞としての苗字帯刀許可は、府県奉職規則以前から抑制されていた。府県奉職規則においても、②勤務中の帯刀許可が府県の判断で行えるのに対し、①褒賞としての帯刀許可は、府県から民部省へ上申の上でなければならなかった。

府県奉職規則後の明治二年九月〜十二月にかけて、戊辰戦争の際、官軍に貢献した百姓・町人らの一部に対し、「苗字帯刀」「其身一代苗字帯刀」が与えられている。新政府も旧幕府同様に褒賞として免許したことがわかるが、戦功という、かなりハードルが高い条件でしか、与えられなくなっていた（図31）。

また府県への褒賞の「委任」範囲自体も縮小されていく。同年十一月八日、府県奉職規則にある「金穀等ヲ与ル軽賞御委任」規定について、一人あたり「金ハ二千疋、米ハ二俵

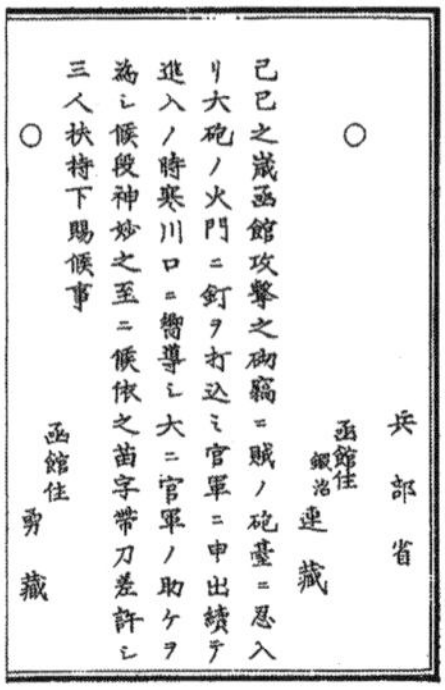
兵部省
函館住
鍛冶 連蔵
○
己巳之歳函館攻撃之砌窃ニ賊ノ砲臺ニ忍入リ大砲ノ火門ニ釘ヲ打込ミ官軍ニ申出續テ進入ノ時寒川口ニ嚮導シ大ニ官軍ノ助ケヲ爲シ候段神妙之至ニ候依之苗字帯刀差許シ三人扶持下賜候事
○
函館住
勇蔵

明治２年９月14日

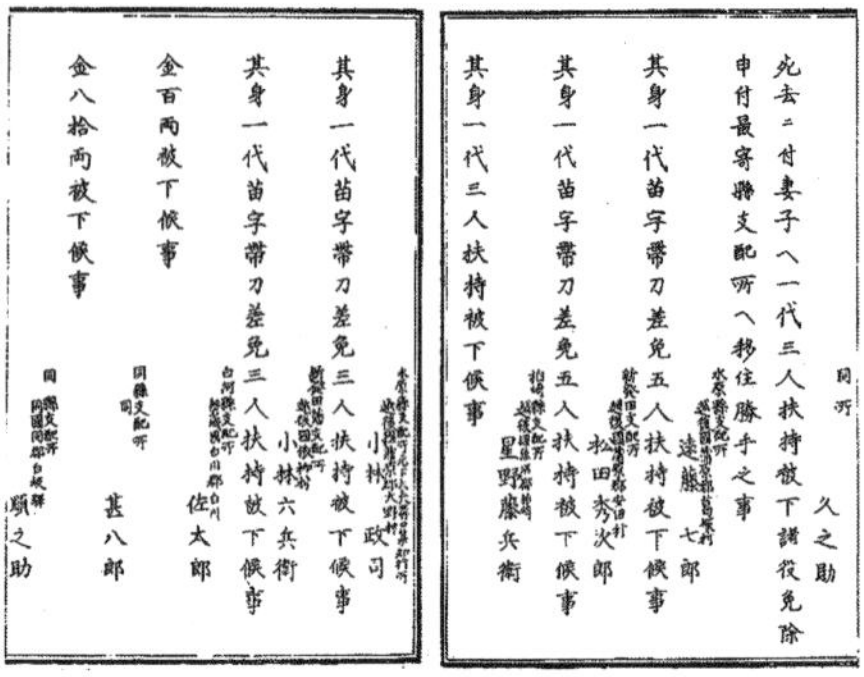
同所
久之助
死去ニ付妻子ヘ一代三人扶持被下諸役免除申付最寄縣支配所ヘ移住勝手之事
遠藤七郎
其身一代苗字帯刀差免五人扶持被下候事
松田秀次郎
其身一代苗字帯刀差免五人扶持被下候事
星野藤兵衛
其身一代三人扶持被下候事
小林政司
其身一代苗字帯刀差免三人扶持被下候事
小林六兵衛
其身一代苗字帯刀差免三人扶持被下候事
佐太郎
金百両被下候事
同縣支配所
同
甚八郎
金八拾両被下候事
同
顯之助

明治２年11月15日

図31　褒賞としての苗字帯刀許可　『太政官日誌』98号・112号（国立国会図書館所蔵）より
左は明治2年函館での戦功．右は「昨戊辰之年，賊徒掃攘之砌」に尽力した者への褒賞一覧（部分）．

迄」（金二千疋＝金五両）の賞与に制限した。さらに十二月には、この金額以下でも、緊急の場合を除き、府県の判断で勝手に行わず、原則すべて弁官へ伺い出ることを命じた。府県に委任されていた褒賞のうち、「軽賞」さえもこうして制限されるなか、府県が規則通り、「重賞」である帯刀許可を民部省に申請しても、実際には許可されなくなっていく。

例えば明治三年閏十月十一日、浜田県は石見国鹿足郡《かのあしぐん》畑《はた》ケ《が》迫《さこ》村に代々住居し、旧幕府及び山口藩より士分に扱われてきた堀藤《とう》重郎《じゅうろう》について、その由緒や救民献金等の功により「平民トシテ其身一代帯刀ノミ」を許可したいと伺い出た。しかし民部省は、堀氏が「維新後有功ノ者」ではないから、帯刀は兼ねての布告もあるので、許可できない、褒賞を与えたいのなら、献金額一〇〇両に対し、金千疋（金二両二分）を基準にして処理せよと指令している。なお、堀は、幕府時代には大森代官の下にあった銅山師で、代々堀藤十郎（上記の史料では「藤重郎」と表記）を襲名した、由緒は確かな人物である。しかし新政府が平民に苗字帯刀許可を与える基準は、由緒や献金の多寡ではない。褒賞としての帯刀は、先の戊辰戦争での貢献など「維新後有功ノ者」にまで極度に狭められた。幕末期、幕府が乱発したような、献金による帯刀免許は抑制され、献金には褒賞金が与えられるだけになった。

褒賞としての苗字帯刀許可は、府県奉職規則に明記されたものの、同規則制定以前から抑制意識がみられ、明治三年後半までに、事実上抑制・停止されるようになった。実際に府県下の百姓・町人身分で帯刀できる者は、官員に登用、あるいは何らかの「御用」を勤め、「勤中帯刀」を許可された者に限られるようになった。

「帯刀以上之者」　この時期、公務に従事する官員たちは、従来通り必ず帯刀した。それは、彼らのほとんどが、武士身分であったためだが、平民が官員になった場合も、帯刀を許して同じ姿とした。江戸時代同様、外見によって身分を判別できることが重視されたためである。

明治時代の官員には、勅任官《ちよくにんかん》・奏任官《そうにんかん》・判任官《はんにんかん》という、等級の別がある。高級官僚は奏任以上で、判任が各官省や府県の判断で任用された、一般官員といえる。明治二年九月三日の段階では、諸官省と府藩県の官員が太政官に参朝する場合、奏任官以上の者でなければ、刀を持ったままで参朝出来ない規定とされていた。もっとも、太政官内を職場とする判任官は、これまで通り刀を持参してよいことになっていた。しかし十一月に、太政官は、諸官省及び府藩県の官員が太政官に出向く際、判任官であっても、今後は控所まで「提刀」してもよいと通達している。このような通達がなされたのは、当時一般の官員が、羽織袴に帯刀という、武士が役所に出勤するようなスタイルと、全く変わっていなかったためである。

また明治三年一月十九日の外国渡航出願の規制でも、「帯刀以上之者」は、管轄府藩県へ出願して、府藩県より外務省へ申請し、許可を出すことになっていた。一方「其余之者」（「帯刀以上之者」以外）は、管轄府藩県で当人を吟味の上、許可が出された。

帯刀は、身分を示す重要な指標であり続けていた。そうなると、帯刀人と紛らわしい外見は、引き続き排除されねばならない。故に明治三年十一月十四日、「百姓町人共が、襠《まち》高袴《たかはかま》・割羽織を着用し、長脇差を帯し、「士列ニ紛《まぎらわしき》敷風体」で通行してはならない」との太政官布告が出されている。「士列」とそれ以外（治者と被治者）は、江戸時代同様、外見、特に「帯刀」によって識別されることが求められたのである。

二年一月令は、幕末に乱造された、献金に対する帯刀許可を取り消し、新政府が認めた者だけに帯刀させることを目指していた。この時点での帯刀整理の目的は、基本的に、公務にかかわる役人（官員・華士族）だけが帯刀するという状況を作り出し、帯刀をその身分標識にすることだったのである。

三治一致と藩の帯刀許可

藩では、二年一月令後も、江戸時代以来の帯刀許可がそのままとなっていた。しかし藩という地方行政機関そのものが、明治初年、大きく変化していく。

藩の独自性

慶応四年閏四月二十一日に公布された、新政府の政体書では、地方官（地方行政機関）は府・藩・県とされた。しかし藩は従来の諸大名の領地そのものであって、大名がそれぞれ独自の統治機構を持っていた。新政府はこうした地方行政機関を同じものにする「三治一致」をかかげ、次第に藩の独自性を奪っていく。明治元年十月制定の藩治職制《はんちしょくせい》では三治一致を旨として府県に倣《なら》った簡易な職制をしき、藩の行政と藩主の家政とを分離するように指示した。明治二年六月の版籍奉還以降は、旧諸侯の家禄を現石一〇分の一とし、家臣との主従関係を解いた上で、同七月には、職員令によって、藩も府県とほぼ同一の官職（知事、大参事・権大参事、少参事・権少参事など）と職掌を定めていく。三年九月制定の藩制では、この方向がさらに徹底され、やがて四年七月の廃藩置県によって、完全に「県」と同化されていく。

藩に存在していた百姓・町人の帯刀は、この流れの中で、どうなったのだろうか。

領民以外への帯刀許可

帯刀許可が支配を跨いで行われた場合、混乱が生じたことは、すでにみた通りである。

明治元年十月、京都府は、弁事に宛てて「京都府下の百姓・町人でありつつ、朝廷や宮・堂上公家・諸藩及び社寺等から苗字帯刀を許可されて、家来・用達を兼ねる者たちがいる。彼らは身分が「曖昧」であるため、これらを「判然」化すべきだ」と建議した。京都府の管轄する百姓・町人であるのに、それ以外の権力から用達や家来にされている。かつて幕府が享和元年令で「禁令を発して、そのうちなくなるまで、穏やかにしておこう」としていた者たちである。彼らは問題であることが認識されつつも、とうとうこのときまで存在し続けていたのである。

新政府は、この京都府の建議を採用した。そして十月十二日「宮・堂上公家・諸侯・中大夫（元旗本。旧高家・交代寄合）・下大夫（元旗本。寄合両番千石以上）が、従来京都・大坂その他、自領民以外の百姓・町人に用達・出入を命じたり、あるいはそれを家来と称させることは、いわれなきことにつき、今後禁止する」との布告を発した。府県の百姓・町人が、他の支配から士分の格を与えられるといった、二重身分の発生要素を絶ったのである。ただし同令は、諸侯らが用達に「其家限リ内輪《うちわ》取扱《とりあつかい》」として苗字帯刀を許可することは「勝手」ともしていたから、諸藩用達は、依然旅行や藩内では帯刀し得た。三都など、新政府直轄都市の町人でありつつ、藩の用達を勤める存在は、問題とされながらも、なお存在し続けた。

三治一致のなかで

しかし藩の独自性を認めていた時代は、徐々に終わりつつあった。特に明治三年九月十日の「藩制」施行は、従来の藩の独自性を認めず、藩を府県と同じ地方行政機関とした。そのとき問題となったのが、やはり用達という、両属的な存在であった。

代々用達を勤めるような町人は、その大名家と特殊な関係や由緒を持ち、扶持や知行を与えられ、藩内の士分格（格であって、士分ではない）を与えられるものなどが少なからずあった。そのため、藩は用達を、藩の士族卒に編入する動向も見せ始める。

藩制施行前の三年八月十日、京都府は「府下市民ノ内、従来諸藩用達等イタシ候者」が、「藩庁」から「士族或ハ卒」に召抱えられる現状を問題視した。それが個人を藩の官員として採用するのならかまわないが（その場合、戸籍からは一時的に本人のみが除籍され、官員を辞めると元の京都府下の平民に戻る）、藩籍に入れるということは、「一時登庸」ではなく、その後永世・終身にわたり、その身分が変わってしまう。だから容易に認められない、と主張した。そして今後、藩庁より用達を藩の士籍に加入するとの掛合《かけあい》があった場合、どのように処置するか、弁官に伺い出たのである。弁官は「士族卒等を新に取立ててはならないので、そのような掛合をする藩があった場合、その藩から（弁官に）伺い出るようにと返答せよ」と指令し、原則編入を禁止する判断を示している。

同年九月十五日には、民部省も弁官に対し、「諸藩が府下市民の用達を士族卒に編入することは「以《もって》ノ外《ほか》」で、そのような曖昧な者は、専ら帰農・帰商させるべきである。藩籍に入れることは決してあってはならない」と強い批判を加えている、そして「これまで連綿と用達を勤めて、家来並みであったにせよ、事実これまで藩士としてこなかったのなら、藩の士卒に召抱えることも、華族（旧藩主）の家来にすることさえも許すべきでない。

ただ相応の家禄を与えることのみ可として、これを布告してほしい」と上申した。閏十月十四日、弁官は「用達ノ者、士卒ニ召抱候儀ハ不相成《あいならず》」と、その上申を可としたが、布告は発せられなかった。なお四年一月、天童藩が「これまで用達どもには、功労に寄り、帯刀や扶持米等を差し遣わしてきましたが、今般の藩制改革に御趣意に基き、全て差留めました。しかしかわいそう（「憫然《びんぜん》ノ事」）なので、減少させた扶持米だけは与えてやりたい」と伺い出たのに対し、弁官はこれを許可しており、右の方針で対応されたことが知れる。

この閏十月の決定以降、原則用達への帯刀許可はもちろん、「士卒ニ召抱」えることもできなくなり、藩用達として苗字帯刀する町人は、藩制施行を期に消滅した。

明治三年十二月二十四日、太政官は次の布告（以下、三年十二月令と呼ぶ）を発した。

明治三年十二月令

農工商之輩《ともがら》、許可無之《これなく》、猥《みだり》ニ帯刀致シ候者有之《これある》趣《おもむき》、以之外《もつてのほか》之事ニ候条《そうろうじょう》、地方官ニ於《おい》テ屹度《きつと》取締可致《いたすべく》候事

この布告は、この時期、無許可で帯刀する「農工商之輩」が存在したため、それを禁止したものである。実際に四年二月にも、亀田藩管内で馬鈴薯《ばれいしょ》による酒・味噌・醤油等の製

造許可を認められた羽後国岩野澤村長岡田貢が、藩内限りの許可を「官許」と称し、各所へ出張会所を設け、鑑札を渡し、或いは故なく帯刀を配下に許すなど、官吏に紛らわしい所業を行っており、もってのほかであると、この行為を禁じられている。帯刀の身分標識としての価値は、まだ衰えてはいなかった。

三年十二月令は、このような無許可の平民帯刀を取り締まる目的で出されたのであるが、同令前後、府藩県は、平民帯刀をめぐる様々な伺いを弁官に寄せはじめている。これまで放置されていた平民帯刀の実情が、三年十二月令を期に、次々と表面化していく。

露呈する実態

明治三年十月十二日、高松藩は弁官に対し、「藩内郡村の名主や、平民等のうち功労があったものには、帯刀を許可しています。このたび藩制施行につき、今更彼らの帯刀を差し留めてしまうと、従前の功労もむなしくなってしまいます。これまで通り、帯刀させてよいですか」と、藩内の平民帯刀の継続を弁官に伺い出た。弁官は当然「だめだ」と回答し、功労のある者については、別の賞誉の方法を考えて、伺出るようにと指示している。ここでも、藩を府県と同化させるための「藩制」施行が、平民帯刀を禁止する理由となっている。ちなみに、平民の苗字公称は、三年九月十九日に自由化するとの太政官布告が出された。そのため、この時点では、もう苗字の特権性は失われており、問題になっていない。

四年四月十五日、旧水戸藩領の一部を管轄した土浦藩は、天保三年（一八三二）十二月に父の敵討ちを果たし、「孝心神妙」として水戸藩より二人扶持を与えられ「他出之節帯刀」を許可されていた常州新沼郡柏崎村の百姓萱谷茂八について、同人の扶持・帯刀許可を土浦藩としても継続したいと弁官に伺い出た。この土浦藩の伺いは、次節で見る四年九月令の重要な契機となる。

また同月晦日、岩槻《いわつき》藩は「従来民間で「郷士」といい、帯刀してきた者で、由緒のある分や、格別功労があり、代々帯刀を許され、扶持も支給されてきた分等については、「御規則」が出るまで、これまで通りに帯刀を許してもよいでしょうか」と伺い出ている。両藩からの伺に対する、弁官の指令はなかったようだが、後述の四年九月令で処分されたとみられる。

四年五月七日、篠山藩は、「明治二年十月に、藩内限りで苗字帯刀を許可をするのはかまわない、という御指図を受けておりましたが、今度の三年十二月令によって、それも「以来差止メ」になるのでしょうか」と弁官に問い合わせている。六月二十三日、民部省は弁官に対して「二年十月における篠山藩への「農商帯刀」許可の指示は、「藩制御発令前」のことであった。既に三年十月高松藩の伺いに対しても「名主や平民の功労ある者にも、帯刀は許されない」と指示した以上、「三治一致ノ今日」、篠山藩もそれと同様でなくては不都合だ」と述べ、「藩制被仰出《おおせいだされ》、三治一致ノ儀ニ付、平民帯刀ノ義ハ不相成《あいならず》候事」と回答した。三年九月の藩制施行以降、三治一致の徹底を理由にして、それまで明確な禁止もなかった藩の許可による平民帯刀も禁止されていった。

県にも残存

また県においても、平民帯刀が残存していた。それも同様に発覚してくる。

白河県は三年七月、県下岩代国安積《あさか》郡郡山宿《こおりやまじゅく》の商人阿部茂兵衛父子が「累代奇特者」であるので、「倅《せがれ》亀太郎代迄苗字帯刀、父後平儀ハ其身一代苗字帯刀御免」とするよう、弁官に伺い出ていたが、伺中の九月に平民の苗字自由化が布告され、苗字は「賞」としての価値を失った。そのため十二月、同県は彼らへの賞典をどうすればよいか返答を督促している（弁官からの指令なし）。同県は「当今の御規則がどうなっているのかよくわからず、どういう褒賞を申請すればよいか、見込のつけようがありません」とも述べており、現場ではかわりゆく苗字帯刀の扱いに混乱していたことがうかがえる。

堺県では、幕府時代の文久二年（一八六二）に硝石・鉛献上の功を以て、苗字帯刀を許可された河内国若江郡八尾座《やおざ》村八尾源太郎・東弓削村松下太郎左衛門の倅の家督相続に対し、三年二月、父同様苗字帯刀を許す旨を同人に通知していた（両村とも、旧幕府時代は京都代官小堀氏の支配）。しかし四年四月二日、「平民ニテ帯刀致シ候儀、当今ノ御政体ニテハ不条理」であるので、「今後は帯刀を停止し、「袴上訴」の格式に代えてはどうか」と弁官に伺い出た。弁官から「伺之通《とおり》」との回答を得て、その帯刀は停止されている。なお袴上訴とは、袴を着用し訴訟時に縁側に着座できる身分格式とみられる。本来二年一月令でなくなっていたはずの帯刀も、実は地方では、まだ残存していたのである。

勤中帯刀の変質

藩の大庄屋や名主などに対する勤中帯刀は、三年九月の藩制施行を契機に、四年後半までに停止されていく傾向にある。

例えば四年三月七日、龍野《たつの》藩は三年十二月令をうけて、「町在にて大庄屋・町年寄の役儀を申し付けている者に帯刀を許すこと、および町在にて、出精して「藩用」を弁じている者に対し、県の管内限りでの帯刀を許可することは、問題ないですか」と弁官に問い合わせた。弁官は民部省に諮ったうえで、どちらも許可できないと回答している。

同年五月二十七日には、高山《たかやま》県が管轄下の村の里正（庄屋）二名、産物方六名に「従前ノ通リ勤中帯刀」の許可を弁官に伺い出た。しかし「兼テ御布告ノ趣モ有之候ニ付、書面ノ趣不被聞届《ききとどけられず》候事」として不許可としている。勤中帯刀も、こうして禁止されていく傾向がある。しかし同年七月、京都府は管轄する諸郡大庄屋に「勤中帯刀」を許可し、その後明治六年頃まで、勤中帯刀の許可を行っている。中央ではこれを禁じる判断を下したが、町在役人の帯刀については、府県の判断でなお相違があったらしい。

元来庄屋や町年寄は、支配の末端を担う身分的中間層であり、その帯刀も、その本人や家の身分格式として許可されているのか、あるいは大庄屋といった役に附属する勤務中限り帯刀の許可であるのか、判然化しにくい存在であった。なお京都府の場合は、四年八月五日、「農商身分で諸官省へ出仕、または宮・華族へ雇入られている期間、その戸籍は、「其身一人」の名前の箇所に出仕・雇入の旨を書いた紙を貼って置き、免職や雇入が終了したとき、この紙を取り除き、元に戻す」という、出仕中、本人のみを民籍から除く手続を定めていた。つまり「出仕」する官員の末端として「勤中帯刀」を認める処理がなされたもので、出仕中は、その本人だけを「平民」身分から除外することで処理されている。かつての非常帯刀の様に、あくまで身分は百姓・町人のまま、「役儀」の時間と空間限定で帯刀しているという、両属的な状態ではなくなっていたのである。

暮往く帯刀人の時代

最終処分の断行

三年十二月令の前後、様々な平民帯刀が表面化してきた。特に先述の土浦藩による伺いによって、政府は明確な平民帯刀廃止の布告を出す必要を感じることになったらしい。

大蔵省は、土浦藩の伺を「取調中」として回答を保留していたが、四年八月二十五日、土浦県（七月の廃藩置県により県となった）は、大蔵省に対し、この回答を督促してきた。これをうけて、九月二十日、大蔵大輔《おおくらたいふ》井上馨《かおる》・大蔵卿《きょう》大久保利通は、正院《せいいん》（太政官の中に設置された、明治政府の最高官庁）にこの問題の処置を伺い出た。大久保らは、「百姓・町人へ苗字帯刀を許可し、または扶持を与えたりすることは、二年一月令がすでに出されている。元各藩では、その節から処置済みのはずである。にもかかわらず、土浦県が伺い出てきた内容から推測すると、二年一月令の文面が、元各藩の管轄地の住民に対し、旧幕府から直接許可した分を廃止して、元各藩が領民に許可した分は、関係が無いようにもよめる。だから今日まで、各藩により、二年一月令で廃止したところもあれば、また従前の通りそのままにしたところもあるのではないか。いまや廃藩が行われた以上、旧藩はすべて県と同じように処置されねば不都合である」と述べた。

つまり二年一月令が藩に正確に伝わっていなかったことが、今日まで平民帯刀への処置が区々である原因だと推測している。大久保・井上らの二年一月令への見解は、明らかに事実誤認であったが、ここに新たな布告を出す必要があると認識され、同月晦日、次の太政官布告が発せられた（以下、四年九月令と呼ぶ）。

元各藩ニ於テ、管下ノ百姓町人共へ帯刀差許《さしゆるし》、或ハ扶持米遣《ふちまいつかわ》シ、諸役免除《しょやくめんじょ》等申付置候分《おきそうろうぶん》、一切禁止候事

但御一新後軍功有之《これある》カ、又ハ従前ノ分タリトモ、一時廃止難相成《あいなりがたき》見込ノ分ハ、巨細取調、大蔵省へ可伺出《うかがいいずべき》事

ここに「元各藩」の平民帯刀の全廃が明確に命じられたのである。

四年九月令は「一時廃止難相成《あいなりがたき》見込ノ分」は伺い出るよう命じ、一定の猶予を認めていたが、なおもそのままにしている者がおり、五年十一月二十六日にはこれを再令して、「布達後三十日」を過ぎて申立なかった場合、以後は一切採用しない旨を布告している。

平民帯刀の許可は、四年九月令、およびその最終通告である五年十一月の布告により完全に廃止された。また四年十一月二十七日の県治条例の布告に伴って、十二月十九日には府県奉職規則も廃止されたため、平民への苗字帯刀許可規則は、名実とも消滅した。

官員・華士族の従者

平民にして帯刀する者が、これでなくなった、というわけではない。まず華士族に陪従する平民籍の者のなかには、帯刀する者が依然存在した。

四年四月、膳所《ぜぜ》藩から刑部《ぎょうぶ》省へなされた「華士族ノ家ニ給侍使役スル」家令・家扶・家従らの身分取扱についての伺いに対し、弁官は、華族の家令・家扶・家従は、本籍平民でも士族に准じ、「士族（勅任・奏任・判任官、或は有位者か無位者であるかを論ぜず）ノ家ニ役使シ帯刀スルモノ」は、卒に準じて取扱い、閏刑《じゅんけい》（士族らに適用される刑罰。概して平民より重い）を適用すると回答している。なお、この回答までに刑部省は「勅・奏・判、有位・無位士族ノ家ニ使役スル奴婢ハ、帯刀スルモ有リ、セサルモ有リ、此帯刀人ハ士族ヲ以テ扱候哉《あつかいそうろうや》、卒ヲ以テ扱候哉」と再確認を行っている。これらの文面からは、当時官員・華士族の従者が「帯刀スルモ有リ、セサルモ有リ」という状況であったことが知れる。しかしその主人が洋服・脱刀の姿になっていくため（次章）、その使用人が昔ながらの帯刀を続けたとは、いささか考えにくく、次第に減少したとみられる。

任官中は士族

また官員に登用された平民は、通常、勤中帯刀が許可された。しかしその扱いは、平民が帯刀しているとは言えないものへと、制度上も完全に変化したのである。

明治五年十一月、太政官は諸省府県へ、「平民任官ノ者、勅奏判ヲ不論《ろんぜず》、本人在官中ハ子孫ニ至ル迄、士族ヲ以テ可取扱事《とりあつかうべき》」と通達した。「平民任官ノ者」、つまり平民だが官員に取り立てられている者は、勅任官・奏任官・判任官といった、官員の等級の区別なく、すべて在官中はその家族を含めて「士族」とされたのである。この方法は、先の京都府における勤中帯刀の取り扱いや、近世の非常帯刀における身分の二重取扱と類似するようだが、家族までを「士族」の扱いとする点に大きな違いがある。

この時期、「官員」は「士族」以上だと位置づける身分秩序が、まだ存続していた。右の方法は、平民の在官者を「在官中」のみ「士族」とすることで、この秩序を表面的に維持するためなのである。これはもう「平民帯刀」、つまり平民身分で帯刀している状態とはいえない。妥協的とはいえ、曖昧な身分を整理し、判然化することが図られたのである。

医師・儒医

江戸時代には、医師や神職・修験・陰陽師などの宗教者が帯刀していた。

これらの帯刀も、明治初年から同様に処分が進められた。まず、江戸時代の後期までに、慣例的に帯刀するようになっていた、医師についてみよう。

明治元年七月九日、兵庫県下宇治野村で「農業ノ余暇兼テ医業」を行う、村医者の玄雄《げんゆう》という人物が、同月三日、村に出張してきた京都の地下官人《じげかんじん》小森典薬頭《てんやくのかみ》の家来より「医道入門」を勧められ、金二両二分を支払い苗字帯刀等の免許を受けた。兵庫県はこんな免許は取り締まりに差支えるとして認めず、以後同様の者に対し取調を行いたいと上申した。弁事は「門人等の名目で、師家より私に帯刀を許可されることは、禁止してよい」と回答している。

しかし小森典薬頭による医師帯刀免許の即時全面禁止には至らなかったらしく、それは四年八月十八日、「従来典薬寮丹波家門人ト称シ帯刀致シ候モノ」（丹波氏は小森典薬頭の本姓。なお公家の錦小路家も本姓丹波氏で、医師免状を出していた）の帯刀禁止が布達され、ようやく廃止となっている。同様の師匠の免許による医師の帯刀も、この時期までに漸減していったものと見られる。

二年七月二十三日、堂上係弁官は京都府に対し、「旧幕府執政中、儒医、幕府ヨリ許シテ帯刀イタシ来ル者」について「御一新後帯刀有無」はどうなっているか照会した。京都府は二年一月令を以て処理し、現在は許可していない旨を回答している。二年二月の京都府の独自規定では、儒医の帯刀を認めていたから、ここでは旧幕府の許可による儒医帯刀のみをいったものであろうか。

その後、四年五月十五日、太政官より京都府へ「其府下儒医両科ノ内、今度民籍編入相成候分、学術有之《これあり》候者共、其身一代其府貫属士籍ニ被加《くわえられ》候間、人物取調其旨可相達《あいたつすべき》事」と沙汰された。つまり民籍として処分された儒医の一部について、「一代士族」として士族籍に加えるという処置であった。しかし大蔵卿大久保利通は「追々四民同一之権利ヲ得候様ノ制度」を立てている中、そのような例外設定は「不公平」だとして、十二月十二日に右の沙汰を取消している。なお「一代士族」とは、本人の「家督中」のみ士族として扱われるものをいい、隠居して次代の相続人が当主になると平民になる規定であった。儒医のような「身分曖昧」で族籍が決しないものは間々見られ、士族や平民などの族称での整理が難しい者は、なおも存在し続けた。

当道座・陰陽師・神事舞太夫

明治二年十月、京都府は諸特権を与えられ、盲人を統括していた当道《とうどう》座《ざ》に対し、「検校《けんぎょう》・勾当《こうとう》之子孫、又者検校・勾当之跡《のあと》与称し候もの共ニ而《て》、苗字・帯刀」する者は「以来差留《さしとめ》」と令し、以後は「市中戸籍」への加入を命じた。江戸時代の中期以降、京都では「検校忰」（盲目ではない）までもが帯刀人として認められていたが、これもここに禁じられた。

明治三年閏十月、陰陽道を支配した土御門《つちみかど》家へ対し、太政官は「従来天社神道卜唱へ、土御門家免許ヲ受ケ候者共、両刀ヲ帯シ、絵符ヲ建、宿駅通行候由、甚以無謂《いわれなき》事」として「今後門人免許一切」禁止とする旨を土御門家に沙汰し、府藩県もその心得を以て取締まるよう布告された。ここに、土御門家による陰陽師への帯刀許可も禁じられた。

次いで神事舞太夫も、すでに「町籍」として処分されていたが、なお帯刀は続けていたらしく、これも東京府から「陰陽師の帯刀同様、いわれなきことで禁止すべきだ」だとして、四年二月、帯刀を禁じられた。宗教者の帯刀は、「無謂」としてあっさりと禁じられた。もちろんそれは、身分標識である帯刀を、宗教者が纏うことは「無謂」という見方であった。

たらしい。

修験・神職

明治四年五月、岩槻藩は「修験道の者は、当主や子弟、弟子等に至るまで、帯刀する身分の者なのでしょうか。修験の子弟で還俗《げんぞく》した場合には、帯刀させてもよいのでしょうか」と弁官に伺い出た。弁官はこれに対して「追って一定の御規則を発するつもりであるが、還俗した子弟の帯刀は禁止である」と返答している。つまり修験本人の帯刀は、この時期まで、なお保留された状態であり、まだ江戸時代同様であったらしい。

しかし同年六月、京都府下の修験鈴鹿善学が、「修験道ノ儀ニ御坐候間、旅行ノ砌《みぎり》ハ為法道具帯刀仕候《ほうどうぐとして》」という届書を提出してきた。京都府はこの届けをうけて、このような修験の帯刀は禁止すべきだと弁官へ伺い出た。かくして八月、修験の帯刀禁止が決定され、修験の本山たる聖護院《しょうごいん》・三宝院《さんぼういん》に対し、大蔵省から修験の帯刀禁止が通達された。

神職は明治元年三月、神祇官の再興に伴い、神祇官の附属とされた。ただし村には百姓にして神職を兼ねるものも多く、三年十二月には百姓が一代限神職となることを許容されている。しかし四年五月十四日には「官社以下府藩県社・郷社の神官は、総てその地方貫属とし、本籍は士族・平民の内、適宜を以て編籍せよ」と布告された。ただし平民への編入の場合は、府県の判断で処理しえたが、士族卒へ編入させる場合、その由緒を取り調べて大蔵省に届け出る必要があった。一般神職は、この時以降、士族・卒・平民のいずれかに編籍されていった。

朝廷御用の非常帯刀

京都の町人で、古くから朝廷の御用を弁じていた御寮織物司《ごりようおりものし》は、明治三年十月より、旧幕府時代に「御用幷非常旅行等ノ節帯刀」していた由緒を主張して、「旧来ノ通《とおり》、帯刀御免」を願い出ていた。京都府では、このような朝廷の御用を勤める町人らの「格」について、一般に取り決めていなかったため、「帯刀ハ不被仰付《おおせつけられざる》方、至当」（帯刀許可しないのは当然だ）としながらも、四年二月、弁官に指示を仰いだ。同年十月、これに対して大蔵省は、すでに「用達」の称は廃せられたので、その帯刀を差止め、「民籍編入」すべきと断じている。なお同月、これをうけた京都府は「是迄御所向御用諸品調進いたし候町人職人等之者江《へ》、非常旅行之節帯刀差免《さしめんじ》来《きたり》候所、以来差留《さしとめ》候事」と山城国中に通達して、朝廷用向を勤める町人の非常帯刀を全廃している。

帯刀ハ官員・華士族ノ本分

こうして明治四年末までに、平民帯刀、さらには医師や宗教者らの帯刀は、士族卒となった神職等を除き、その姿を消した。「士族卒」（卒は明治五年一月に士族ないし平民となる）のみが帯刀する状況が概ね実現したのである。それは多様な帯刀が存在した江戸時代とは、全く異なる帯刀状況であった。

ここまでの整理によって新たに生まれたのが、「帯刀ハ官員・華士族ノ本分」（『東京日日新聞』明治九年三月二十九日の社説。後述）という状況である。明治四年末頃には、帯刀していること＝《イコール》官員・華士族となった。この時点になって、初めて帯刀は士族の特権となった、ともいえよう。

明治九年のいわゆる廃刀令で禁止されることになる帯刀とは、江戸時代の「帯刀」ではなく、こうして整理されたあとの「帯刀」だったのである。

身分標識から旧弊・凶器へ

貶められた最期

脱刀がもたらしたもの

刀をはずしたい

明治初年、官員は必ず帯刀した。官員の多くが武士であったから、当然であったともいえるが、何より帯刀が、官員＝「お役人」であることを示す身分標識として、機能していたからである。故に平民が登用された場合、「勤中帯刀」を許可したのも、官員であることを、外見で表示させる必要からであった。官員の帯刀は、江戸時代と同様、特権ではなく義務である。勝手に丸腰になることは許されなかった。

政府や府藩県の一般官員たちは、通常、羽織袴姿であった。しかし明治三年（一八七〇）十一月に制定された「制服」（非常並《ならびに》旅行服）という和洋折衷の洋服が、官員の平服として普及してくる（図32）。それにともない、明治四年半ばから、官庁や府藩県の官員、武家華族たちが、「刀をはずしたい」という、「脱刀」の伺いを出しはじめた。わざわざ「脱刀」許可を求めて伺い出るのは、許可がないと、身分標識である刀をはずせなかったからに他ならない（表6）。

太政官弁官は脱刀願に対し、当初「礼式ノ外《ほか》、脱刀可為勝手《かってたるべし》」などの文面で、「礼服」以外での脱刀は勝手次第として、逐一個別に許可していた。なお、以下紹介する脱刀願は、すべて同様の回答で許可されている（不許可は存在しない）。

脱刀願の簇出

明治四年六月三日、朝日山藩は、藩内士族・卒の帯刀を「遺風ヲ脱センカ為メ廃刀勝手ニ仕度《つかまつりたし》」と弁官に伺い出て許可された。これは早期の脱刀（廃刀自由化）の事例だが、本格的な脱刀の簇出《そうしゅつ》傾向は、中央官省から発生した。

六月十四日、工部省は「身体軽弁ノタメ脱刀」したいと伺い出た。この伺いでは、前年十二月、仕事場や出張等での「御用弁ノタメ」に「筒袖股引等」の着用を申請・許可されていたことにも言及している。工部省は活動の便利のために洋服を着用し、さらに帯刀をもやめたがったのである。

同月十九日、弾正台《だんじょうだい》は「廃刀」希望者に対し、弁官が現在、どのような指示を与えて

7.24	京都府	東京諸官省は脱刀しているようだが，こちらも脱刀勝手次第と心得てもよいか
7.25	華族従五位酒井忠経・忠昆	他出の節の帯刀は勝手次第でよいか
7.	津山藩	諸官員・士族卒の「脱刀勝手」としてよいか
7.	仙台藩	諸官員・士族卒の「脱刀勝手」としてよいか
8.7	従五位大河内輝声	非常・礼服着用の外，「簡易ノ服相用候節，脱刀」してもよいか

出典：『太政類典』，『公文録』（国立公文書館所蔵）

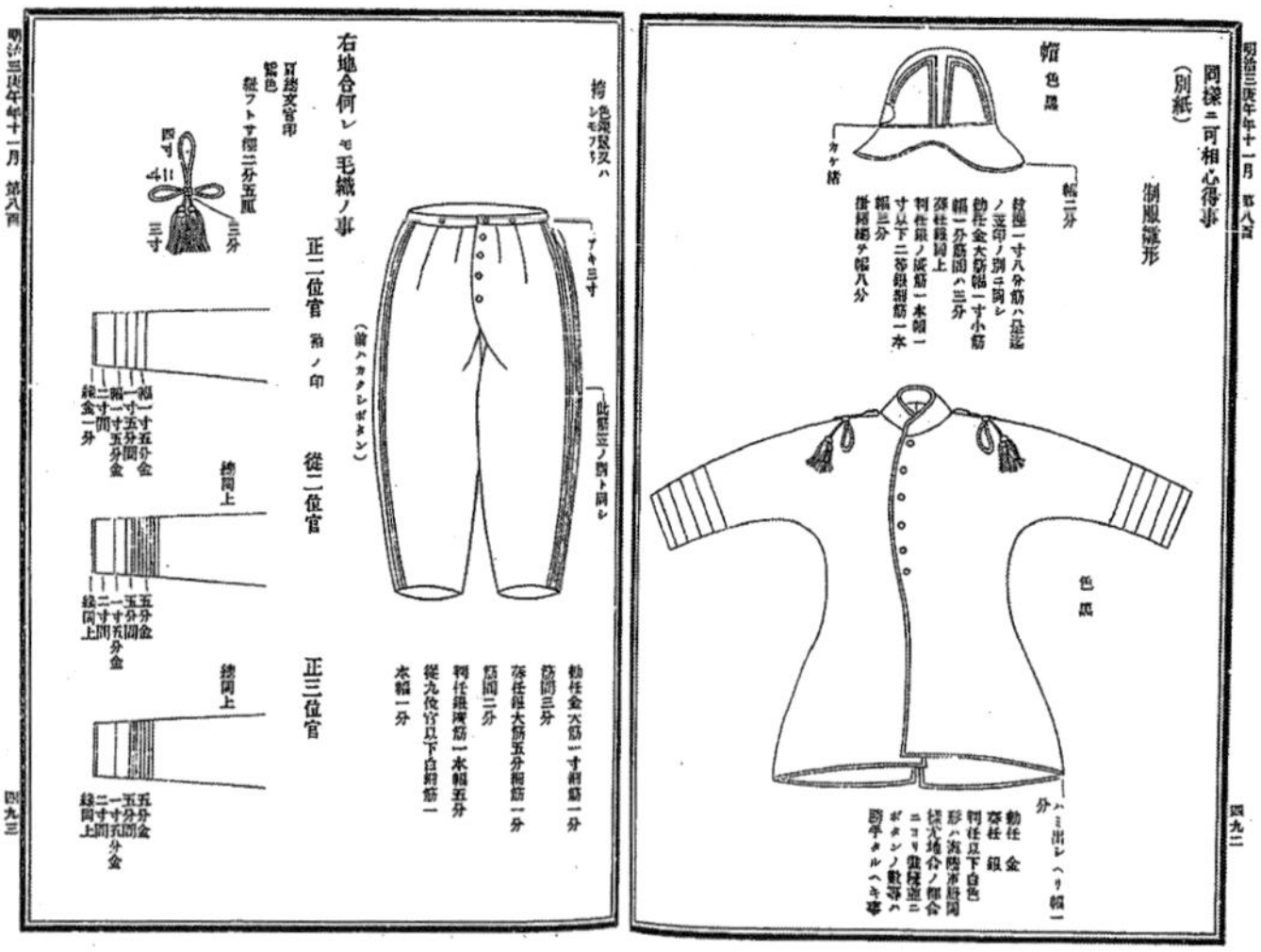

図32　明治５年11月の制服（旅行並非常服）『法令全書』明治３年（国立国会図書館所蔵）より

官員に限らず，華士族・平民まで着用してよいと布告された．ただし袖口や袴（ズボン）の筋の色で，官員の位階や，華族・有位士族・無位士族に差異が設定されていた（図は一部分の抜粋）．

表6　明治4年における官省・府藩県・武家華族の脱刀伺（時系列順）

月.日	差　　出	内　　容
6.3	朝日山藩	藩内士族卒の帯刀を「遺風ヲ脱センカ為メ廃刀勝手ニ仕度」と伺い出る
6.5	竜岡藩知事大給恒	「従僕ノ者迄，非常或ハ公事ニ関リ候儀ノ外，他出ノ節帯刀勝手次第」にしてよいか
6.14	工部省	「身体軽弁ノタメ脱刀」してもよいか
6.19	弾正台	「廃刀之儀伺出候者」に対し，どのような指図が行われているか問い合わせ
6.22	大学大得業生	大学大得業生が「礼服著用ノ外，平日廃刀，一刀（脇差のみ）勝手ヲ以出校」したい
〃	大学中舎長・中助教・大助教	「御儀式ノ外，便宜ニ任セ脱刀」したい
6.24	民部省	「当省官員ノ内，時宜ニ寄脱刀イタシ度」と願い出た場合，「礼服着用ノ外，平常脱刀」を許してもよいか
6.25	大学南校	脱刀を願い出る
〃	大　学	今後「南校寄宿生徒」にも脱刀を許可してもよいか
6.28	仙台藩増田繁幸大参事	「礼式ノ外，適宜脱刀」したい
6.29	膳所藩	「当藩官吏幷士族卒，自今望ノ者廃刀」してもよいか
6.	大　学	「大学官員脱刀ノ儀」は「礼式ノ外ハ勝手次第」としてよいか
6.	神奈川県	官員は「礼式ノ外，平日事務都合ニ寄廃刀」したい
7.3	弾正台	「当台判任官ノ者脱刀出仕」を「台限リ差免」てもよいか
〃	多古藩	官員は例式以外では「戎服」を着用してよいか．また脱刀も礼式以外は「勝手」としてよいか
7.9	大蔵省営繕・出納司	官員が礼服以外では「時宜ニ寄，無刀或ハ一刀佩用」することを許可してよいか
7.10	金沢藩	諸官員・士族卒の「脱刀勝手」としてよいか
7.12	山口藩	諸官員・士族卒の「脱刀勝手」としてよいか
〃	豊浦藩	諸官員・士族卒の「脱刀勝手」としてよいか
7.13	度会県大参事河田景福	「礼服著用ノ外ハ，筒袖袴一刀」で参朝してもよいか
7.18	司法省	「御礼式ノ外，平常便宜ニ任セ脱刀」してもよいか
7.19	吉見藩	諸官員．士族卒の「脱刀勝手」としてよいか

いるか確認を行った。そのうえで、七月三日、弾正台の官員については、逐一弁官に伺いを立てず、弾正台の判断で「脱刀出仕」を許可したいと伺い出て、認められている。

六月二十二日、大学（行政と教育の機能をあわせもった政府の機関の名称。もと大学校と称し、のちの文部省などの前身。現在の「大学」とは異なる）では、句読・翻訳・治療などにあたる官員である大得業生《だいとくぎょうせい》が「礼服著用ノ外、平日廃刀、一刀（脇差のみ）」で出校したいと願い出ており、また同日、大学中舎長（学寮を監督）・中助教・大助教（ともに教員）も「御儀式ノ外、便宜ニ任セ脱刀」したいと願い出ている。二十五日には大学から「諸官員は追々脱刀を願い出て、既に伺い済みになっているとのことなので、今後、大学南校《なんこう》（現在の東京大学の前身の一つ）の「寄宿生徒」にも脱刀を許可してもよいか」と伺い出ている。

このほか、六月二十四日には民部省も、「当省官員ノ内、時宜ニ寄、脱刀イタシ度《たし》」との願いがあった場合、省の判断で「礼服着用ノ外、平常脱刀」を認めて良いか、と伺い出ている。また七月九日には、大蔵省の営繕・出納司の官員一同が、礼服以外では「時宜ニ寄《より》、無刀或ハ一刀佩用」での出仕を願い出ている。七月十八日には司法省も、「御礼式ノ外、平常便宜ニ任セ脱刀」させることが、他官省で「先般以来御許可」になっているので、同省でも同様に許可してもよいか、と伺い出ている。

脱刀傾向の伝播

府県からも同様の脱刀伺が増加している。六月に官員の「礼式ノ外、平日事務都合ニ寄、廃刀」することを伺い出た神奈川県は、その理由を三つ述べている。

①神奈川港の官員は、職務の都合により、仕事場での立ち回りや火急の時は奔走する。また火災時は「消防器械ポンプ等」を市街へ持って出る。そうした場合「佩刀」が「自由ヲ妨ケ」ている。②関門詰の官員等は、銃器を装備している。その上、刀を帯びるのは「二重ノ兵器ヲ帯」ることで「不弁(便)」である。③乱暴人を捕縛する際、「佩刀ノ為、彼我疵《きず》ヲ受《うけ》、怪我ヲ生」じることがあり「不都合」なことがある。つまり洋服の着用に伴って帯刀が活動の邪魔になり、脱刀を望んでいる、という、工部省同様の理由が確認できる。

当初、脱刀伺には、個別に許可が与えられたため、戸惑った県もある。六月に久美浜県は「佩刀については、「従前必帯二刀候習《かならずにとうをたいしそうろうしゅう》」でした。しかし最近は、一刀（脇差だけ）の者もあります。そのため、これを見聞きした者が、それを甚だ怪しむような事態にもなっております。最近のこうした傾向は「固着之御規則」はないけれども、各自が便宜により、随意に許されて問題ないものなのでしょうか」と、弁官に確認の伺いを出している。弁官は、これにも「礼式」以外では脱刀勝手だという、これまで同様の文言で指令している。

脱刀は東京府下の武家華族にも広がっている。六月五日、竜岡《たつおか》藩知事大給《おぎゅう》恒《ゆずる》は、東京府に「先般高知藩・福井藩等ヨリ脱刀ノ儀相窺《あいうかがい》、御聞届《おききとどけ》ニ相成候《あいなりそうろう》哉《や》ノ趣《おもむき》伝承」したので「自身の従僕の者まで、非常や公事に関わる時以外、他出の節の帯刀は、各自の勝手次第にしてよろしいか」と伺い出ている。なお、これと同様の願が七月二十五日に華族酒井忠経・忠昆からも出され、八月七日には大河内輝声も礼服以外での脱刀を伺い出た。東京府は大河内の願いを受けて、「爾後《じご》華族輩ヨリ脱刀ノ儀」が願い出られた場合、大河内同様に差図すると伺い出て許可されている。

時系列順にみると、官員の「脱刀」傾向は、東京の官省への脱刀許可以降、徐々に伝播したようである。七月二十四日、京都府の官員が「東京諸官省（ニ脱カ）於テハ、伺ノ上脱刀ノ向モ有之《これある》趣、伝聞仕《つかまつり》候、依《よっ》テハ私共（ニ脱カ）於テモ脱刀ノ儀、勝手次第相心得《あいこころえ》候《そうらい》テモ御差支無之《これなき》哉《や》」と伺い出ているように、脱刀願には、「他で脱刀しているとの情報を「伝聞」した」といった文言を含むものが少なくない。六月二十九日、膳所藩も「当藩官吏并士族卒」のうち「自今望ノ者」は、「廃刀」してもよいか、と伺い出て許可され、以後希望者は、刀を差さずともよくなった。藩での脱刀の許可は、この膳所藩への許可以降波及を見せたようで、七月十日に金沢藩、十二日に山口藩、豊浦藩、十九日に吉見藩、同月中に津山藩・仙台藩から、それぞれ諸官員・士族卒に「脱刀勝手」を命じたいとの伺いがなされている。いずれも「平日出勤」や「公私旅行」などでの「脱刀」の自由化を求めている。脱刀は、一種の流行のように広がっていったのである。

脱刀自由令

太政官は八月九日、「散髪・制服・略服・脱刀共可為勝手事《かってたるべきこと》、但礼服ノ節ハ帯刀可致《いたすべき》事」との布告を発した。これは脱刀自由令とも称されるが、先にみたような、官員の外見・風俗に関する、各伺いへの返答を布告化したものといえる。こうして、官員が洋服の普及とともに脱刀したことで、「帯刀」の身分標識としての機能は次第に崩壊していった。なお、同月十八日には、以前「士列ニ紛敷」として、平民に禁じられていた、襠高袴・割羽織の着用が自由化されている。四年九月二十七日には、「府下諸渡場、是迄帯刀ノ者無賃ニテ乗船候処《ところ》、自今相当ノ賃銭可相渡《あいわたすべき》事」と布告された。これまでは帯刀していれば無料であった渡し船の運賃も今後は有料になったのである。それは、従来、帯刀した外見だけで、享受できた特権が失われていく、重大な変化であった。

官員という、新たな支配者たちが、羽織袴姿から、洋服となり、自ら帯刀しなくなった。

ここに帯刀の身分標識としての役割や価値は著しく低下し、崩壊へとむかっていったのである。

勤中帯刀の消滅

先に述べたように「平民任官ノ者」(任官中は士族)や華士族の陪従者は、明治九年廃刀令まで帯刀し得たはずだが、帯刀が身分標識としての価値を失っていくなか、彼らの帯刀も漸減していったと考えられる。

京都府では、明治六年ごろまで、平民を官員にした場合、「勤中帯刀」を免じ続けていた。しかし明治六年六月十日、「従来勤役申付候者、帯刀差許《さしゆるし》候処、自今相廃止《あいはいし》、更ニ府庁溜《たまり》ノ間《ま》参入差許候事」と令した。つまり登用した平民への「勤中帯刀」許可を全廃し、「溜ノ間参入」という、格式を付与することに代えたのである。なおこの時期の京都府庁は、現在の二条城二の丸御殿におかれていた。「溜ノ間」はその一室であろう。帯刀は、ここに「参入」できる格式の付与に代えられたのである。

身分標識としての帯刀は、洋服の浸透に伴う脱刀傾向により、急速に終わりを告げつつあった。先に見た通り、官員は華士族である。しかし華士族、特に士族は必ずしも官員ではない。身分標識としての価値を失った帯刀を続けたのは、官員ではない無役の士族だけになってきた。帯刀には、もう「お役人」を識別する身分標識の役割はない。官員という新時代の「お役人」は、帯刀していないのである。帯刀は、官員ではないが平民でもない、士族という中途半端な者たちが、古い習慣に基づいて続けている、おかしな格好。そういうものでしか、なくなってしまったのである。

憧れの斜陽

明治新政府は、明治四年末までに「帯刀ハ官員・華士族ノ本分」という状況に整理した。この時期の官員や士族たちに「なぜ帯刀するのか？」と問いかければ、「身分を示すものだから」と、答えただろう。帯刀する理由は、それで十分であった。帯刀は身分標識である。それが帯刀の意味であり、役割であった。帯刀によって、一般庶民ではない、「お役人」やそれに準ずる身分であると識別できる。帯刀は、そのために存在していたのである。

だから「刀」の刃物・武器だという本質を意識して、帯刀を武器の携行、つまり「武装」だという認識は存在しなかった。実際、江戸時代において、帯刀を、武器の携行だ、武装だとか、そんな目で見た者はなかった。注目されたのは「役威」など、帯刀した外見の効果だけであった。帯刀は、身分標識である。それが近現代の色眼鏡を介することなく見た、まごうことのない、江戸時代の人々の「帯刀」認識である。明治新政府も、その意味を重んじるが故に、帯刀を「官員・華士族ノ本分」へと整理したのであった。

しかし「文明開化」が、意外な風を起こし始めた。洋服姿になった官員たちが、自ら「脱刀」という選択肢をとりはじめた。官員が自ら帯刀しなくなった結果、帯刀は身分標識としての価値を急激に低落させ、遂にその役割を失うに至ったのである。

こうして帯刀は、身分標識としての役割と価値を喪失した。帯刀しているのは、昔の習慣を続ける士族だけになった。かつて、身分標識としての帯刀にむけられていたまなざしは、畏敬、憧憬、羨望、時にそれ故の嫌悪であった。それが俄かに、軽蔑、嘲笑のまなざしへと変わってきた。そして平和な時代には誰も言わなかった、こんな言葉が、帯刀に投げつけられはじめる。

「刀は、凶器じゃないか」

帯刀意義の変質

明治四年末頃から、帯刀の身分標識としての価値は低下し、次第にその役割を喪失した。かつて人々が追い求めた江戸時代の帯刀は、もうなくなってしまった。

変わるまなざし

しかし明治二年五月、森有礼《ありのり》が公議所（政府に対する建議機関といえる組織）に廃刀を求める議案を提出した頃には、他の公議所議員が猛烈に反対し、全員一致で否決していた。脱刀自由令の二年前まで、帯刀は当然あるべき風俗だと、多くの人間が考えていた。

森の議案は、「官吏兵隊之外《ほか》、帯刀ヲ廃スルハ、随意タルベキ事」・「官吏ト雖モ、脇指《わきざし》ヲ廃スルハ、随意タルベキ事」という二か条からなるものだった。後年「廃刀論」ともよばれるが、当時の名称は「官吏兵隊ノ外、帯刀ヲ廃スルハ、随意タルノ議」であり、官吏兵隊以外は、帯刀を各自の随意自由とし、官吏も脇差（室内で、の意味であろう）を廃するのは、各自の随意自由にしてよい、という提案であった。ただし森は、帯刀を「粗暴殺《さつ》伐《ばつ》ノ悪習」とよび、この「弊習《へいしゅう》」を「一新」すべきと主張しているので、将来的な帯刀全廃も見越していた。故に公議所の議員は「両刀ヲ帯ルハ　皇国尚《しょう》武《ぶ》ノ性、自然ニ発露スル処ニシテ、素《もと》ヨリ嘉《か》尚《しょう》スベキ所ナリ（中略）苟《いやしく》モ大和魂ヲ有スル者、誰カ刀ヲ脱スル者アルベキヤ、此等ノ議、維新ノ時ニ於テ、大ニ取ラザル所ナリ」という、反対意見に賛成する者が多数を占めた。議案は全会一致で否決され、猛反発を受けた森は辞職し、下野する事態になった。

廃刀令直後の明治九年三月二十九日の「東京日日新聞」の社説は、廃刀令に至るまでの帯刀への政策を正確に整理し、帯刀への認識変遷を述べている。それによれば、森の議案は、当時「一般ノ世論モ之《これ》ニ反対シ、遂ニ森君ヲ目スルニ　故《いたずら》ラニ奇案ヲ起ス」ものとみなしたという。その頃帯刀は、身分標識としても、実際の役割を有していたからであろう。

しかし、これまでみてきた通り、明治四年末までに、平民帯刀や宗教者らの帯刀が処分されていった。それによって「帯刀ノ区域ヲ狭縮シテ、全ク武士ノ固有権内ニ帰着」せしめ、「帯刀ハ官員・華士族ノ本分」へと整理された。しかし洋服の普及により、明治四年六月頃からは、官員自らが「脱刀」を喜んで行うようにもなっていた。右の社説は言う。「気運ノ変移ハ人智ノ想像シ得《う》ベキ所ニ非《あら》ズ（中略）僅々《きんきん》二年前ニ森君ガ廃刀論ニ抵抗セシニ似ザリシナリ」と。ただしそれは東京での傾向である。地方の「守旧士族」たちは、「双刀ヲ挿《はさ》ムニ恋々《れんれん》スルノ性情ハ、封建ノ残夢《ざんむ》ト共ニ、未ダ全ク士族ノ胸中ヨリ抛棄《ほうき》セラル、ヲ得ズ」という状況であり、地域差も大きかった。

司法省の廃刀建議

明治五年十月五日、司法卿江藤新平・司法大輔福岡孝弟《たかちか》が、正院へ廃刀の建議を行った。この建議は、後の廃刀令に直接繋がる、極めて重要なものであった。全文を挙げる。

各人民ヲ保護スル邏卒《らそつ》ハ、身寸鉄《すんてつ》ヲ帯《たい》セス。今海内《かいだい》各人民ハ、却《かえっ》テ刀ヲ帯スル者多キ故ニ、暴戾《ぼうれい》ノ徒ニ逢ヒ、保護ヲ加ヘント欲シテ、往々創夷《そうい》ヲ蒙《こう》ムルコトアリ。一木刀ヲ以テ、利器ヲ持《じ》スル人民ヲ取締ムヘシトハ、抑《そもそも》亦《また》無理ノ事ト可謂《いうべき》ナリ。且《かつ》人民一般ノ保護トシテ、邏卒ヲ置カル、ニ於テハ、則《すなわち》各民一身上ノ保護ヲ邏卒ニ委《ゆだ》ネ候訳ニテ、官員・華士族以下、護身ノ器械ヲ帯スルニ及ハサル訳ニ候得ハ、自今礼服着用ノ外、華士族・卒・民共、一切廃刀為致《いたさせ》、且又海陸兵、遊歩ノ節、銃剣ノ類一切兵器ヲ帯スヘカラサル様《よう》致度《いたしたく》、若尚《もしなお》帯刀スル者ハ、邏卒ヨリ見懸《みかけ》次第取揚可申様《とりあげもうすべきよう》、旁《かたがた》御布告相成度《あいなりたく》候《そうろう》、万一廃刀被為行難《おこなわせられがた》ク候《そうら》ハ《わ》ヽ《ば》、此上《このうえ》邏卒ニ銃槍《じゅうそう》ノ類、兵仗《へいじょう》ヲ帯セシメ、至難至困《しなんしこん》ヲ免《まぬ》カレシメ可申《もうすべし》ト存候、右両条ノ内、至急御指揮相成度《あいなりたく》、此段《このだん》相伺候也《あいうかがいそうろうなり》

（明治五年）壬申十月五日　　司法大輔福岡孝弟

司法卿江藤新平

正院御中

人々を守る邏卒（後の巡査）は、帯刀せず木刀一本の装備だけである。しかし一般の人民は、これとは逆に、刀を帯びる者が多い。それで取り締まるというのは無理がある。邏卒は人民を保護するために設けられたのだから、各人民が護身のために武装する必要はない。よって①華族・士族・卒・平民まで、以後は礼服着用の時以外「廃刀」させること、②陸海軍の兵隊も、遊歩（任務外の外出など）の場合は武装しないこと、③上記①②の違反者は、発見次第、邏卒から武器を没収させること。この①〜③を布告してほしい。もしこの「廃刀」が実現困難ならば、④邏卒に武装を許可すべきだと求めている。話は邏卒の武装に始まっているが、その内容は、まさに廃刀の建議であった。

なお、ここでは帯刀を「護身ノ器械」といっているように、すでにこの時期、身分標識としての役割を失ったことで、帯刀は武装だという認識で攻撃されていることもわかる。

政府の躊躇

司法省の建議を受けて、政府は諮問機関である左院《さいん》にこれを諮問した。左院は「熟議」の上、同月二十七日付で回答した。

左院は、「抑《そもそも》華士族以下、平常双刀ヲ帯スルノ風ハ、皇綱解紐《こうこうかいちゅう》・武門擅権《せんけん》(平仮名ママ)より起因シ、遂ニハ一般沿習之礼ノ如ク相成《あいなり》、殺伐之気ヲ熾《おこ》シ、忮害《しがい》之志ヲ固《かと》フシ、既ニ我国之古礼ニ非ス、又万国不変ノ俗ニモ非ズ」と、帯刀が中世以来の習俗であり、人を殺伐とした気持ちへと赴かせるもので、日本の古礼でも、世界にあるべき習俗でもないと、帯刀そのものを根本的に否定する。もはや身分標識としての用途には、全く触れられていない。

そして左院は司法省の建議通り、個人が「一身ノ守護トシテ、凶器ヲ携フルハ、尤《もっとも》不体裁ノ極《きわみ》」であり、今般発令予定の服制(十一月十二日に布告)で礼装時における帯剣の制度を発する機会に乗じて、「礼服着用ノ外、華士族平民共、一切帯刀禁止」との布告を発令すべきだ提案した。司法省建議の実行を支持したのである。ただし邏卒の武装については、英仏の邏卒の「武器ヲ携ル規則」を調査した上で、現状の「木刀」でよいとしている。

しかし政府は躊躇した。翌六年五月十七日の評議で、「廃刀之儀ハ、到底漸《ぜん》ヲ以テ御施行可相成《あいなるべき》儀ニハ候得トモ、未夕其時ヲ得サル場合モ有之《これあり》候間、時宜ノ宜キヲ得、追テ御施行可相成方、可然《しかるべし》」とし、「廃刀」の布告が、将来必要だと認識しつつ、先送りした。邏卒への銃槍の装備も、「其《その》弊害」の方が大きいと判断された。結局同月二十日、司法省に対し、建議は「即今御採用」(今すぐの採用)は成り難い、として却下することを告げた。

入間県の廃刀勧告

明治六年一月、入間《いるま》県では官員全員の「廃刀」を決定した。そこで官員以外の「管下士庶」(県下の士族と庶民)にも、同じように廃刀するように説諭したい、と大蔵省に伺い出た。また、この説諭を行う関係上、県内を「佩刀」して往来する他府県の者にも、邏卒から尋問する事態が想定されたため、その際不都合が生じないよう、入間県が「勧廃刀之説諭」を発したことを、他府県にも布達してほしい、と願い出ている。

説諭本文は「国家が邏卒を置いて人々を保護する今日、「凶器ヲ佩ヒテ各一身ヲ守ル」必要はない。帯刀は「騒乱澆季《ぎょうき》ノ遺習」で廃すべきだ。県の官員はすでに帯刀を廃止したので、同じようにすることを勧める」という内容で、いわば県独自の廃刀勧告令であった。

大蔵大輔井上馨は、正院にこれを伺い出た。正院は、この説諭文が「自今凶器ヲ佩ヒテ県内ヲ公行スル者」にまで邏卒が尋問する、としていたことを問題視し、「此等ノ儀ハ、独リ入間一県而已《のみ》ニ施行致候而《いたしそうらいて》ハ、彼吾抵触、到底難被行《おこなわれがたき》事件」であると判断した。そのため県下で「脱刀之便利ヲ勧誨《かんかい》」すること（脱刀をすすめること）は、「地方実際ノ人情」を斟酌して行ってよい。しかし「各地進歩ノ緩急」もあるので、県内を往来する他府県の「佩刀人」に尋問することは、許可できないと回答したのである。

政府は、江藤ら司法省の建議により、将来的な廃刀の方針をすでに決めていた。しかし廃刀の布告にはなお踏み切れず、躊躇していたのである。

「切捨御免」の誕生

脱刀の進行によって、帯刀の身分標識としての役割は失われつつあった。帯刀はこの正当性の喪失によって、「凶器ヲ帯フル」行為と攻撃され始めていた。しかしまだ政府は、完全な帯刀廃止には躊躇していた。そんな明治六年頃、帯刀に関係する、不思議な用語が広がりを見せ始める。「切捨御免」という、江戸時代には全く存在しなかった、謎の用語である。

史料上、「帯刀御免」「苗字御免」という用語はあった。しかし「切捨」に「御免」が接続した「切捨御免」なる用語はない。あえていうなら、幕末に恒常化した、非常事態措置の「打捨」「切捨」発動許可が思い出されよう。これなら、犯罪者・不審者に対し、役人に「切捨」を「御免」したものだと、やや無理ながら表現できそうである。しかし「切捨御免」という新語は、非常事態の「打捨」発動を差したものではないのである。

この新語の起点ははっきりしないが、福沢諭吉の『学問のすゝめ』二編（明治六年十一月刊）の「旧幕府の時代には士民の区別甚だしく、士族は妄《みだり》に権威を振い（中略）或いは切捨御免などの法あり」という記述が、管見の限り、最古の用例である。また同書六編（明治七年二月刊）に「古《いにしえ》は日本にて百姓町人の輩、士分の者に対して無礼を加うれば切捨御免という法あり」とみえ、福沢は好んで使っている。この「切捨御免」は、文脈から江戸時代の慮外打（無礼打）のことを指していることは明らかである。慮外打は『公事方御定書』の「足軽体《てい》ニ候共、軽キ町人・百姓之身として法外之雑言等、不届之仕形、不得止事《やむことをえず》切殺候もの」は「無構《かまいなし》」（無罪）という規定が、根拠としてよく引用される。かつてはこれを、武士が無礼者を誰でも切った「切捨御免」を幕府が認めていた証拠とされていた。しかし「不得止事《やむことをえず》」という文言だけでも、武士に恣意的な殺傷を認めたものとは読めない。実際に暴言を吐いた町人を武士が切り捨てた場合でも、追放刑などに処されており、まして酒に酔って百姓・町人を殺害した武士は下手人《げしゅにん》（死罪）となっている（『以上幷武家御扶持人例書』）。江戸時代、士庶の身分秩序が重視されたのは事実だが、慮外打の実例が極めて乏しいことは、近年では周知の事実である。すでにみたように、幕府の捕縛役人ですら、とにかく捕縛を第一にしていた。しかし「切捨御免」なる用語は、福沢の使用以降、妙に使用され始める。

開化の啓蒙

この時期、「文明開化」を説く「啓蒙《けいもう》」の書が多数出版され、大いに売れて読まれた。いずれも旧来の習慣を続けるものを「旧弊《きゅうへい》」と馬鹿にし、西洋をまねた新しい行為を「文明」と呼んで「開化」を説く、という内容である。このなかで「切捨御免」は、旧幕府時代の武士の専権を非難する記述において用例がみられる。西村兼文著『開化の本《もと》』初編（明治七年四月刊）には、「武士には切捨御免などの不法あり、実にはなはだしき事にあらずや」とみえ、小川為治著『開化問答』（明治七年十一月刊）にも「慢《みだり》に暴威のミ振《ふる》ひ、御用だとか御免だとかいふ文字を附れば、石でも材木でも、人間より貴くなり、又武士には切捨御免抔《など》といふ法がありて、百姓丁（町）人を切殺しかまハぬといふ事がござる」等とみえる。これらは、旧幕府時代を武士が「恣《ほしいまま》に権柄をもつて、農商をとり扱ふに犬馬のごとく駆役」していた（『開化の本』）、「暴政」の時代だったと非難し、明治政府の世を「ナントありがたき御仁政」（『開化問答』）と賛美する文脈である。

「切捨御免」は江戸時代を武士の「暴政」の時代と貶《おとし》め、明治の新時代・「文明開化」を賛美するために流行した、明治六年頃の造語なのである。「切捨御免」は、江戸時代の古文書や記録に一切存在しない用語でありながら、この時に創られ、一人歩きしていった。

しかしこの造語が、当時受け入れられたことが重要である。幕末期は、テロリストや無法者たちが抜刀・殺人を行い、幕府役人への「打捨」「切捨」発動許可も恒常化していた。武士たちの腰に差された刀が「凶器」として使用される、恐ろしい日常があった。漸く平穏を取り戻しつつあった明治六年頃、「切捨御免」という表現は、まだ記憶に新しい、殺伐とした幕末の状況と合致、混淆したことによって、受け入れられたものであろう。

旧弊のイメージ

「文明開化」が鼓吹されるなか、その対義語となったのが「旧弊」である。旧弊とは、古くさいこと、古くからの習慣のことで、この時期の流行語であった。加藤祐一著『文明開化』初編（明治六年一月序）の挿絵を見ると、洋服姿の男が「開化ノ日本人」、裃に熨斗目を着た帯刀姿の男が「旧弊ノ日本人」として描かれている（図33）。

『開化の本』は、さらに極端に、「文明」と「旧弊」を対比している（図34）。「文明」は洋服を着て、羅針盤を持って迷いなく馬で掛けていく姿で、「形勢の方向を知て文明の歩を進め、開化に趣く人」と説明されている。一方「旧弊」は、いざり車にのり、髷を結い、和装で、脇差を差し、刀を手にもって、杖代わりにしている。「事変に腰を抜し、陋習《ろうしゅう》の為め、行路難に困却する人」と説明されている。いざり車は、足の不自由な人間が移動するための道具で、普通は棒をついて、車を動かす。しかしここでは、その代りに、刀を強

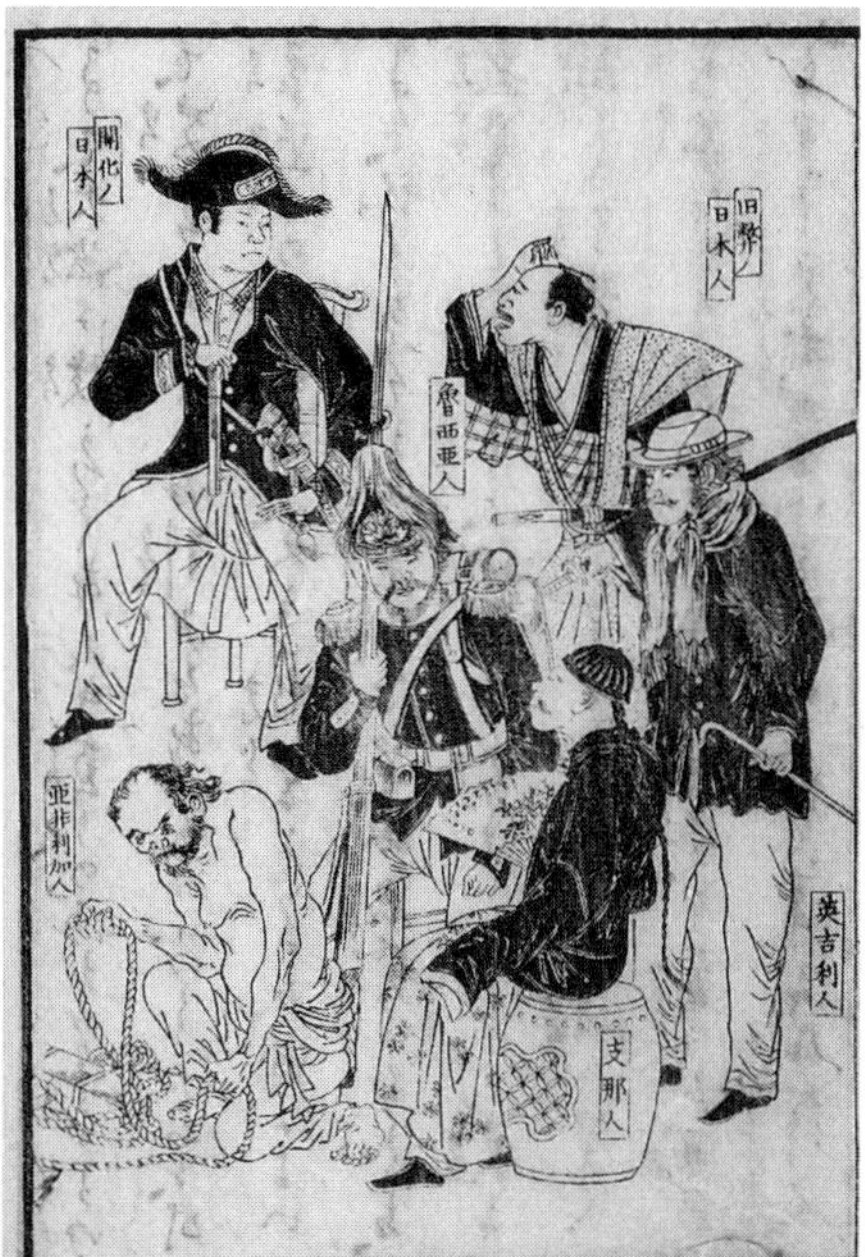

図33　旧弊の日本人のイメージ　明治６年（1873）刊『文明開化』初編（早稲田大学図書館所蔵）より

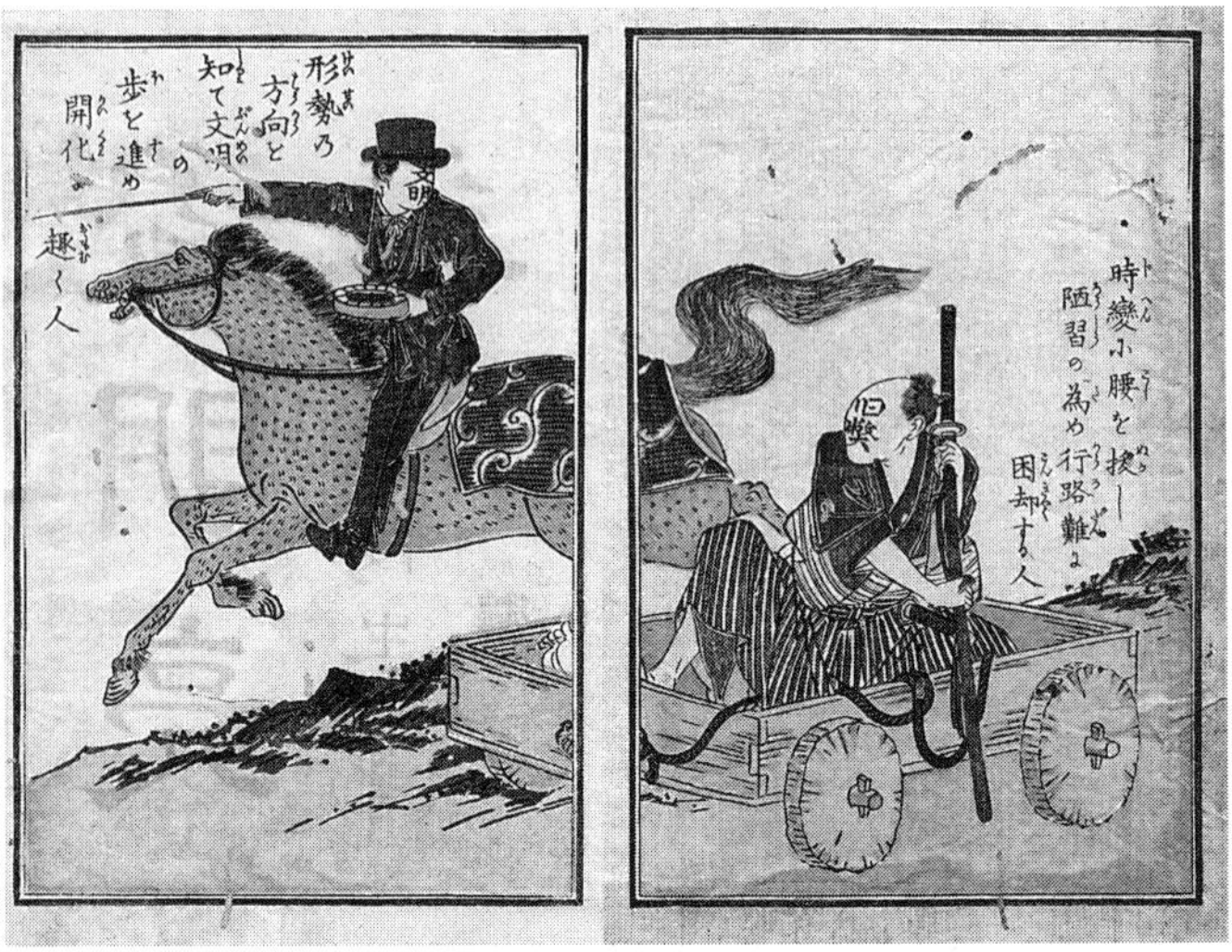

図34　文明と旧弊　明治7年（1874）刊『開化の本』より

く握りしめて使っている。文明は、駈け抜きざまに旧弊を見下し、旧弊は、文明を見つめるばかりである。この時期の文明と旧弊のイメージについて、これ以上の説明はいるまい。

旧弊としてイメージされるのが、こうした結髪に帯刀、いわば帯刀人・武士の姿そのものであった。「旧弊」と軽蔑されているその姿は、かつて人々があこがれた、帯刀人の姿である。帯刀の権威は、もはやここまで、地に落ちた。帯刀は嘲笑される「旧弊」のシンボルにまで、貶められてしまった。

理由を言ってみろ

明治八年六月二十七日の「読売新

聞」に、剣和不要太《けんわふようた》というペンネームの投書が掲載された。この人物は、「士族さんばかりが人切庖丁と名の附たけんのん（剣呑）至極なものを横たへ」ている不道理を述べる。士族は帯刀を「武士の精神《たましひ》」とか「一身の守り」だといっているが「我々平民の頭脳《あたま》で考がへて見ると、一ツとしてごもツとも申すやうな御論《ごろん》」はない。「人切庖丁をぶら下げてお歩行《あるき》なさるハ不用なことで、どうも馬鹿げて見《みえ》ます」という。さらにその本質を次のように衝く。「大小を横たへてお歩行《あるき》なさるハ、威ばッて歩行たいとか、武士道が立ぬとか（旧習が抜けないで）人に己《おれ》ハ士族だとほこりたいとかいふ思召としか見《みえ》ません」と。「こんな旧弊ハ、最早政府《おかみ》から厳令があッて能《よ》いかと存じます」。

帯刀が身分標識としての役割を喪失したことで、刀は「凶器」である、帯刀は正当性のない「凶器」の携行だ、という理屈による非難が、いよいよ強くなってきた。

福沢諭吉も『文明論之概略』（明治八年八月刊）で、帯刀という習慣を鋭い言葉で攻撃する。いわく、帯刀は戦国時代の風習で、元来は「一身を保護」する「実用」があった。それが太平の世には「刀の外面には金銀を鏤《ちりば》めて、鞘の中には細身の鈍刀を納《おさむ》る」見かけだけの者となり、挙句「剣術を知らずして帯刀する者は十に八、九」となった。「これを廃せんとして人情に戻《もと》るは何ぞや。世人皆双刀の実用を忘れて、ただその物を重んずるの習慣を成したればなり」と。帯刀へのこだわりは、何の実用も根拠もなく、ただ続けられている習慣だと責める。福沢はさらに、こう畳みかける。

今、太平の士族に向《むかつ》て、その刀を帯する所以《ゆえん》を詰問せば、その人の遁辞《とんじ》には、これ祖先以来の習慣なりといい、これ士族の記章なりと称するのみにて、必ず他に明弁あるべからず。誰かよく帯刀の実用を挙《あげ》て、この詰問に答え得る者あらん

「どうして帯刀しているんだ?」という問いに、以前なら、「それが、身分を示すものだから」で話は済んだ。しかしもう「士族の記章」や「習慣」では、誰もが納得する答えになりえない。帯刀する理由を言ってみろ——。福沢は嘲弄している。しかしその嘲弄に、いいかえせる者は、誰もない。「刀は凶器だ」「切捨御免だった」「旧弊だ」——帯刀は、貶められ、廃刀の世論も高まってきた。幕末期、実際に刀は人を斬りすぎていた。帯刀の正当性が無くなった時、この恐るべき「凶器」の携行である帯刀を、誰も弁護するわけがなかった。

廃刀の時代

廃刀の決断

明治八年十二月七日、陸軍卿山県有朋《ありとも》は、太政大臣三条実美《さねとみ》に対し、廃刀の決断を迫る上申を行った。

廃刀之儀ニ付上申

皇国ノ風タル武士ト称スル者、中古以来、必ス双刀ヲ帯スルヲ例トス、其故何ソヤ、之ヲ要スルニ、刀剣ハ古来兵器ノ一部分ニ属スルヲ以テ、之ヲ大ニシテハ以テ敵ヲ防キ、之ヲ小ニシテ以テ身ヲ護ルノ理ニ過キス、而シテ戦伐ノ季、封建ノ習、亦《また》以テ已《や》ムヲ得サルノ故アリテ然ルナリ、世変リ時移リ、士ハ文武ノ常職ヲ解《と》キ、藩ハ版籍ヲ返還シ、遂ニ明治六年ニ及ヒ、未曽有ノ大典、即チ徴兵令ヲ頒行セラル（中略）軍隊ノ外、兵器ヲ携フル者アルハ、陸軍ノ権限ニ関係スル、又浅尠《せんしょう》ナラストス、願クハ速ニ廃刀ノ令ヲ下シ、全国人民ヲシテ漸次開明ノ域ニ進歩セシメンコトヲ企望ス、伏テ上裁ヲ乞フ、謹言

この上申は、政府に廃刀の決断を迫ったという点でのみ、大きな意味がある。この上申は、中略部分で、「猶《なお》依然トシテ旧習ヲ固守シ刀剣ヲ其腰間ニ挿ム者」は、「徒《いたずら》ニ其武門・武士ノ虚号ト殺伐ノ余風トヲ存スルヲ見ルノミ」であり、彼らは「政治上多少ノ妨碍ヲ生スル」と非難している。その上で、「「兇器」である刀剣の携行は、自分の管轄する陸軍の権限に関係するので、廃刀を速やかに布達してほしい」と述べたのである。ただしこの上申は、「劫略《きょうりゃく》ノ兇器《きょうき》ヲ帯フル者」を冗長に責める文言ばかりで、肝心な「廃刀」をどんな文面で布告するとか、具体的な廃刀方法は、何一つ書いていない。

廃刀令の発布

山県の上申をうけ、政府は評議のうえ、明治九年三月二十八日、次の布告を発した（太政官布告第三八号。廃刀令、帯刀禁止令などとよばれる）。

自今《じこん》大礼服着用《ちゃくよう》、並《ならび》ニ軍人及ヒ警察官吏等、制規アル服着用ノ節ヲ除クノ外、帯刀被禁候条《きんぜられそうろうじょう》、此旨《このむね》布告候事

但違犯ノ者ハ其刀可取上《そのかたなとりあぐべき》事

明治五年十一月に制定された大礼服という礼服着用時や、軍人・警察・官吏が、規定の制服を着用するとき以外の「帯刀」を禁じ、違反者は刀を没収する、という内容であった。

この文面をみて、何を思い出すだろうか。この文面の原型は、明らかに明治五年十月における「自今礼服着用ノ外、華士族・卒・民共、一切廃刀為致《いたさせ》、且又海陸兵、遊歩ノ節、銃剣ノ類一切兵器ヲ帯スヘカラサル様」という江藤・福岡の建議、およびこれをうけた左院における「礼服着用ノ外、華士族平民共、一切帯刀禁止」等の文言である。いわゆる廃刀令とは、明治五年、司法卿江藤新平・同大輔福岡孝弟の建議をうけて決定していた廃刀の方針が、世論の高まりと、山県の上申を契機に、ようやく実行されたものであった。ただし江藤新平は、廃刀令以前の明治七年四月、佐賀の乱の首魁とされて斬罪・梟首《きょうしゅ》に処せられており、すでに世に無かった。

廃刀令の実行

廃刀令に対する新聞の報道をみると、すでに廃刀の世論が高まっていたこともあり、歓迎を持って迎えられている。平民の率直な歓迎ぶりは後で見るが、士族（旧武士）の対応は、あっさりと廃刀した者と、なおも帯刀をはかる者たちとがおり、地域や個人の差が大きく表れた。四月七日の「読売新聞」には、隅田川近くに住む平民からの、次のような投書がある（なお以下、新聞記事の振り仮名は明らかな間違いも含め、すべてママとした）。

此頃《このごろ》帯刀《たいたう》してあるく者《もの》ハ其刀《そのかたな》をお取上《とりあげ》になるといふお布令《ふれ》が出ましたが、旧弊《きうへい》のおやだまのお侍様《さむらひさま》といはれたい人達《ひとたち》と見《み》えて、刀屋《かたなや》の手代《てだい》か書画屋《しよぐわや》の小僧《こぞう》のやうに、長《なが》い者《もの》を風呂敷《ふろしき》へつゝんで提《さげ》てあるく人《ひと》が大分《だいぶん》に見《み》えます。中《なか》に手強《てづよ》い豪傑《がうけつ》ハ、ぴか〳〵した拵《こしらへ》のまゝむき出《だ》しで手《て》でさげてあるくのを折々《をり〳〵》見《み》かけますが、提《さげ》るのハ帯刀《たいたう》でないからよいのかハ知《し》れないが、何《なん》だか怖《こは》らしく思《おも》はれますから、残《のこ》らず風呂《ふろしき》敷包《づゝみ》にしていたゞきたいもので有《あり》ます

東京では、風呂敷につつみさげて歩くものや、拵えのまま手に持って歩く（抜き身ではない）といった姿が見られた。あるいは「先日帯刀《せんじつたいたう》を禁《きん》じられましたが、此頃官員《このごろくわんゐん》らしい御方《おかた》にて、杖《つゑ》の中《なか》へ剣《けん》を仕込《しこ》んで居《ゐ》た人《ひと》を見掛《みかけ》ましたが、是《これ》でハ只外見《たゞみえ》を省《はぶ》いたまでにて、政府《おかみ》の御趣意《ごしゆい》にハ背《そむ》くかとおもひますが、皆《みな》さんいかゞ」（同上、五月十八日。横浜住・村井世民の投書）といったような、仕込杖のものなどが現れた。あるいは「羽織袴に練木を帯して歩く」「五六尺計りある丸き棒を携へて行く」（「朝野新聞」）といったものがあったという。

堂々と差し続けるものも少なくなかった。水戸では「常陸《ひたち》の水戸《みと》ハ、どうも頑固《ぐわんこ》の人《ひと》

が多《おほ》くて、廃刀《はいたう》の令《れい》がでても、兎角《とかく》袴《はかま》をはいて一本《ほん》も二本《ほん》もさして歩行《ある》く士族《しぞく》さんが有《あ》りますので困《こま》ります」（「読売新聞」五月十三日）というように、地方ほど帯刀している傾向がある。また「中国辺《ちうごくへん》にて元《もと》ハ或る大諸侯《だいしよかう》の分家《ぶんけ》の旧領地《きうれうち》に住する士族ハ、今に小刀《せうたう》をさして傲然《がうぜん》と他行《たぎやう》して居るから、或る人が、帯刀《たいたう》のご禁止《きんじ》ご存じ無きやと尋ねしに、帯《たい》音太《おんたい》に通《つう》ず、小刀《せうたう》を佩《お》ぶハ官の禁ずる処でハ五座《ござ》らぬと済《すま》して」いたという（「東京日日新聞」九年八月二五日）。「旧習」を捨てられない士族らの逸話は、枚挙に遑《いとま》がない。

しかし帯刀とみなされた行為は、用捨なく摘発されていった。「本所緑町《ほんじようみどりまち》三丁目の東《とう》京府《けいふ》士族《しぞく》服部正輝《はツとりまさてる》さんと宮城県《みやぎけん》士族《しぞく》の塚本光寿《つかもとこうじゆ》さんとのお両人《ふたり》ハ、御布告《ごふこく》を忘《わす》れておしまひ成《な》されたのか、帯刀《たいたう》をしてお歩行《あるき》なされたので取上《とりあげ》られました、何《なん》とハヤ」（「読売新聞」五月二十三日）。また「深川平富町一丁目に住む東京府士族漆原義久どのハ、一刀をきめ込みて通り掛るを見付けられて、例の通りお取り揚げと成る」（「東京日日新聞」六月二十日）、「小日向竹島町の山名豊忠先生ハ、短刀《たんとう》を帯《さ》し歩《ある》き、巡査に押へられ、例の通りお取り上げに遇ひ召された」（同上、七月五日）などとあるように、一本の佩帯でも没収対象であった。

帯刀者は、布告通り刀を没収された。没収が処罰であるから、当然本人に返却されない。

没収と帯刀理由

しかし五月二十七日に帯刀して刀を没収された東京府士族大塚忠勝は、翌日品川分署に出頭し、「昨日《きのふ》ハ御規則《ごきそく》に違《ちが》ツて恐《おそ》れ入《い》りましたが、どうぞ皆《みな》さまのお扱《あつか》ひで、内々《ない〱》あの刀《かたな》をおさげ下さい、是《これ》ハ少《すこ》しばかりだがと、二十五銭紙《せんかみ》に包《つゝ》んで出して、大《おほ》きに叱《しか》られ、閉口《へいこう》して帰りました」と新聞で報じられている（「読売新聞」六月五日）。

帯刀した理由を供述したものもある。六月四日に帯刀して刀を没収された愛媛県士族徳田直信は、「無腰《むこし》で歩行《あるく》と肥取《こえと》りや馬丁《うまかた》に馬鹿《ばか》にされるから差《さし》て歩行《あるい》たのだ」と言い立てており（同上、六月五日）、帯刀して出歩き、東海道戸塚で取り押さえられた旧足柄《あしがら》県士族河野道孝（小田原住）は、「（帯刀禁止の）御布令《おふれ》も心得《こゝろえ》て居《を》りますが、途中《とちう》でどんな悪《わる》ものに出合《であ》ふかも知《し》れず、また東京《とうけい》へ着《つい》て金《かね》が無《な》くなると、是《これ》を質《しち》にでも入《い》れて金《かね》を借《か》りるつもりゆゑ、どうか戻《もど》して下さい、夫《それ》に私《わたし》の家《うち》についた大切《たいせつ》の刀《かたな》ゆゑ、取《とり》あげられてハ先祖《せんぞ》へ済《すま》ない」といっている（同上、六月二十二日）。

従来言われてきた通り、廃刀令は士族に大きな影響を与えた。それは事実である。しかし忘れてはならないのに、とかく忘れられてきたことがある。百姓・町人の、脇差である。

変わる常識、消えゆく習慣

「帯刀」という言葉の意味

江戸時代、「刀」が禁止されてからも、脇差は百姓・町人の身近にあり続けた。吉凶事や旅行においては、それを身に着けるのが礼儀であり、習慣であった。明治政府は、脇差について、明治三年十一月に長脇差の禁止を布告した以外、何の規制も行っていなかった。

廃刀令の「帯刀被禁候《きんぜられそうろう》」の「帯刀」は、どこまでをいうのか。それは江戸時代にはあり得ない疑問であったが、明治九年四月七日、滋賀県が司法省に提出した伺いは、まさにその疑問についてのものである。

帯刀トハ、従来ノ慣習ニ依ルトキハ、長刀《ながかたな》又ハ双刀ヲ帯スル儀ニテ、脇差ト称スル短刀ヲ帯スルハ、帯刀ト称スル限ニアラス候得共、本年第三拾八号ヲ以テ公布セラレシ帯刀トハ、双刀又ハ短刀ノ別ナク、一切ノ金刃ヲ携帯スルコトヲ禁セラレシ儀ニ候哉

この伺いに対する回答は「第三十八号布告（廃刀令）ハ、一切ノ刀剣ヲ佩帯スルノミヲ禁シタルナリ」と極めて明白であった。廃刀令で禁じた「帯刀」は、近世の意味での「帯刀」ではない。刀剣すべての佩帯を「帯刀」とよび、「一切ノ刀剣ヲ佩帯スル」行為すべてを禁じたのである。廃刀令によって、脇差は「刀」になった。

帯刀は、身分標識としての役割を喪失したことで、「凶器」の携行とみなされるようになった。「凶器」とは刃物などの人を殺傷できる道具のことである。つまり脇差も「凶器」である。だから刀であれ、脇差であれ、刀剣を腰に帯びることは帯刀である——。そういう新たな定義が出来てしまった。「帯刀」は、①「刀・脇差という大小二本を差して身分の違いを示す行為」ではなく、②「刀剣という凶器を腰に帯びて携行する行為」へと、言葉の意味自体が摺り替えられた。廃刀令は②の意味で、「帯刀」を禁止したのである。つまり明治維新という政治闘争と全く関係のなかった一般の士族・平民たちは、その常識の変換を十分知らされないまま、単に「帯刀」の禁止を告げられたのである。混乱が生じ

なかった、わけがないのである。

脇差も「刀」だ

廃刀令の出された翌日、すなわち明治九年三月二十九日の「東京日日新聞」の雑報には、次のような記事がある。

昨日の御布告に帯刀を禁すると仰せ出されました（官記及ビ社説ニ出）、是まで刀や脇差ハ、挿《さ》すとも挿《さ》ぬとも、人々勝手次第と成《なツ》て居りましたが、いよ〳〵帯刀ハ御廃しと極《(きま)》りますれバ、平民の私どもハ、夜道を歩《ある》くにも田舎へ出るにも、気味の悪ひ思ひも無く、誠に安心で五座《(ござ)》ります。併《(しか)》しお店の葬礼《とむらひ》の時に一本さすことが出来なく成りました。モシ吉兵衛さん、浮《うツか》り指《さ》して出ると取り上《あ》げられ升《(ます)》よ

記者は、廃刀令が、「凶器」としての刀剣全般の佩帯禁止であることを承知し、このように諭している。脇差が対象ではないという誤解が、想定されていたといえよう。

同年三月三十日の「読売新聞」には、東京本町に住む佐々木湛月なる人物が、廃刀令に対して次のような投書をした。彼は廃刀を歓迎し、脇差についての見解について述べている。一般程度の認識を知る上で、極めて興味深い。

今朝《こんてう》しんぶんを拝見《はいけん》いたしますと、帯刀《たいたう》を禁《きん》ぜられたと有《あり》ましたので、私《わたし》ハ大安心《おほあんしん》、これからハ、何時《なんとき》に歩行《あるく》とも、刀《かたな》や脇《わき》ざしで切《き》られるの、又ハスラリと抜《ぬい》て追《おツ》かけ

る追剝《おひはぎ》もなく、何《なに》より大喜《おおよろこ》び。先々《まづ〱》この兇器《きようき》が無《な》くなれバ、実《じつ》に刀《かたな》を抜《ぬ》てはいる賊《ぞく》の種《たね》も尽《つき》ると、浜《はま》の真砂《まさご》の数々《かず〱》うれしく思《おも》ひ、早速《さツそく》近所《きんじよ》の友《とも》だちの家《うち》へ参《まゐ》り、今日《けふ》の新聞《しんぶん》に云々《これ〱》だと話《はな》すと、友達《ともだち》も、成《な》るほど、今《いま》でハどんな事《こと》が有《あ》らうとも、刀《かたな》だの脇差《わきざし》だのといふ刃物三昧《はものざんまい》ハ致さずと、口《くち》の上《うへ》で理非《りひ》が解《わか》るし、また悪《わる》い事《こと》が有《あ》れバ、自分《じぶん》で死《し》なずと、お上《かみ》に絞罪《しめくび》や斬罪《うちくび》といふお仕置《しおき》も有《あ》るから、全《まツた》く不用《ふよう》ものだと申すと、傍《わき》に居《ゐ》た町人《ちやうにん》が、モシ〱、夫《それ》でも年始《ねんし》や葬式《とむらひ》に脇《わき》ざしを一本《いツぽん》さすのハ搆《かま》ひますまいといふから、夫《それ》はとんだ事《こと》だ、脇差《わきざし》だとて刀《かたな》だとて何《なに》も刀《たう》に替《かは》りハ無《な》い。是《これ》からもし年始《ねんし》や葬式《とむらひ》でも一本《ぽん》きめこんで見《み》なさい、直《じき》に巡査《おまはり》さんに取上《とりあ》げられるといふと、驚《おど》ろいて私《わたし》の顔《かほ》を見《み》て居《を》りましたが、世間《せけん》に此様《このやう》にとり違《ちが》へて居《ゐ》る人《ひと》が有《あ》ると気《き》の毒《どく》だから（何《いづ》れ字《じ》も解《わか》らない愚人《ぐにん》）、一寸心《ちよつとこゝろ》づけ申ます。是《これ》ハ世間《せけん》の人《ひと》へ関《かゝ》はる事《こと》ゆゑ、早速《さツそく》お出《だ》し下《くだ》され。

（三月二十九日書）　本町　佐々木湛月

ここで特に重要なのは、脇差も当然禁止だという佐々木に対し、「傍《わき》に居《ゐ》た町人《ちやうにん》」が、「年始《ねんし》や葬式《とむらひ》に脇《わき》ざしを一本《いツぽん》さすのハ搆《かま》ひますまい」と考えていることである。「脇差もだめに決まっている」と熱く説明する、知識人ぶった佐々木と、全く理解できない「傍《わき》に居《ゐ》た町人《ちやうにん》」。認識の食い違う二人の姿は、「帯刀」をめぐる新旧の常識（前述の①・②）が、まだ併行して生き続けていることを示していた。

没収される脇差

廃刀令以後、新聞には、帯刀者の摘発・没収の記事が多くみられた。よくみると、そこにはかなり多くの平民も含まれている。

佐々木の投書の翌日（四月一日）の「読売新聞」は、「越後国池ヶ原村《ゑちごのくにいけがはらむら》の宮下庄《みやしたしやう》右《ゑ》衛門《もん》ハ、先日《せんじつ》のお布告《ふれ》を心得《こころえ》ないのか、腰《こし》へ一本《いツぽん》きめこんで歩行《あるい》たものだから、早速第《さツそくだい》六方《ほう》面《めん》三署《しよ》の巡査《おまはり》に見咎《みとが》められて取上《とりあけ》られました」と報じている。布告直後から、脇差の没収が行われ始めたのである。また五月二十二日には「二十日にハ、武州《ぶしう》多《た》摩《ま》郡《ごほり》砂川村《すながはむら》の百《ひやく》姓《しやう》伝蔵《でんぞう》が帯刀《たいたう》して歩行《あるい》たので取上《とりあ》げられ、昨日《きのふ》も上総国山邊《かづさのくにやまべ》郡《ごほり》小山村《をやまむら》の百姓藤《ひやくしやうとう》五郎《ごらう》が帯刀《たいたう》して歩行《あるい》たので是《これ》も取上《とりあ》げられました」という記事がある。ここで「百姓」らの「帯刀」と表現されている行為は、無論大小二本ではなく、脇差のことである。同月三十日、信州筑摩郡深志村の木曽七蔵が「脇ざしをさして歩行《あるい》たので取《とり》あげられました」と報じた記事には、次のような注記がなされている。

　先頃《さきごろ》より毎日《まひにち》の様《やう》に取《と》り揚《あげ》られますから、世間《せけん》でハどう思《おも》ツて居《ゐ》るかとだん〳〵聞《きい》て見《み》ると、心得違《こころえちが》ひの人々《ひとびと》ハ、「帯刀《たいたう》」といふのハ、大小《だいせう》を差《さ》す事《こと》で、「脇差《わきざし》」一本《ぽん》なら差支《さしつか》へ無《な》いと申して威張《ゐば》ツてゐる人《ひと》が有《あ》ります。是《これ》だから止《やま》ない訳《わけ》で有《あ》りましやうが、刀《たう》を廃された上《うへ》ハ、仮令短刀《たとひたんたう》一本《ぽん》さしても、御布令《おふれ》に背《そむ》いたのでありますよ、皆《みな》さん

おそらく多くの者たちにとって、「帯刀と脇差は違う」という、江戸時代の常識は、変わっていなかったのである。脇差は冠婚葬祭や旅行時の身の飾りであり、それは改まった場合に身につける、ネクタイのような、ただの慣習になっていた。「凶器」などとは、思ってもいなかったのである。

なお「仮令短刀《たとひたんたう》一本《ぽん》さしても、御布令《おふれ》に背《そむ》いたのでありますよ」との注意の通り、実際六月三日の記事には「本所石原町《ほんじよういしはら》の野村某《のむらそれがし》に同居《どうきよ》の増田伝吉《ますだでんきち》の母《はゝ》お千代《ちよ》ハ、短刀《たんたう》をさして歩行《あるい》たので取《とり》あげられました。どうしても当分《とうぶん》ハ止《やみ》ませんかサ」とあり、女性の短刀佩帯まで、没収されている。変換された「帯刀」の禁止は、なおも悲喜劇を繰り広げていく。

道中差しの悲劇

「東京日日新聞」でも、五月末ごろから帯刀者摘発の記事がみえはじめている。同紙では、五月二十七日に「神奈川県下菅村の百姓にて後藤作左衛門ハ、脇差を帯《さ》して、北品川新宿へ通り掛ツたのを巡査が見付け取り糺されるに、

全く廃刀の布告ハ存じませんと申し立けれども、例の通りお取り揚げ」という記事がみえる。

彼の住所と摘発地の違いからも推せるように、摘発・没収された百姓たちの脇差は、ほとんどが道中差しとみられる。彼らは江戸時代以来、例によって「一本きめこんで」旅に出た。それが図らずも、都会に到着したとたん、脇差没収の悲劇に見舞われたのである。「全く廃刀の布告ハ存じません」という言い訳も、この時期なら、あながち嘘でもあるまい。

五月三十一日の「読売新聞」は、次のように報じている。

大坂《おほさか》の鋳道《てつだう》ステーションの辺《へん》でハ、諸国《しよこく》より一本《いツぽん》きめこんで出《で》て来《く》る人《ひと》の脇《わき》ざしを、毎日《まいにち》〳〵束《たば》にする程《ほど》も取《とり》あげると、百姓《ひやくしやう》たちが涙《なみだ》を流《なが》して、是《これ》ハ先祖代々《せんぞだい〳〵》の譲《ゆづ》りもので、首《くび》より大切《たいせつ》の脇《わき》ざしだのに、ア、情《なさ》けないこんだ、といツて歎《なげ》くといふが、その筈《はず》さ、東京《とうけい》でも毎日《まいにち》〳〵あるから。昨日《きのふ》も出《だ》したが、また東京府士族《とうけいふしぞく》の杉井《すぎゐ》さんも取《とり》あげられました

脇差の没収を、新聞は笑話の如くに伝えるが、「常識」が突然変わったことに、驚きを隠せない平民たちも多かったのである。

六月十二日には「今月《こんげつ》九日にハ、武州《ぶしう》八王子《はちわうじ》在《ざい》川口村《かはぐちむら》百姓《ひやくしやう》小谷田《をやた》斧吉《おのきち》が帯刀《たいたう》して歩行《あるい》たので脇《わき》ざしハ取揚《とりあげ》られ」といった記事がみられる。「脇差」のことを明確に「帯刀」といっている。帯刀という十八世紀にできた言葉は、廃刀令により、その意味が変えられてしまった。このほか「また脇ざしをさして取上《とりあげ》られたのは、橋場《はしば》町の石井仁助《いしゐにすけ》と、府下町《ふかまち》屋村《やむら》の佐久間新五郎《さくましんごらう》の二人で有《あ》ります」(「読売新聞」六月二十四日)、とか、本所林町三丁目の煎餅屋栄助も「此《この》ほど脇差《わきざし》をきめこんで歩行《あるい》たので取《とり》あげられました」(同上、十月四日)と、平民の脇差没収記事は、かなり多く報じられている。

葬式の「帯刀」

帯刀摘発記事には、状況が明記されていないものが多い。明治十年の年始、例によって年始の脇差が摘発されたかと思い、記事をさがしてみたが、意外にみつからない。わずかに下谷金杉村の士族(名前は記されていない)が「年始《ねんし》廻《まは》りに無腰《むこし》で歩《ある》けるものか」と「大威張《おほゐば》りで一本《いツぽん》きめこみ」、向島の土手を歩いて巡査に発見され、没収されているだけである(「読売新聞」十年一月八日)。すでに廃刀令から九か月が経過しているので、年始の脇差は、皆控えるようになっていたのであろう。

また婚礼での脇差没収と判断できる記事もみえない。巡査に発見される可能性が少ないのだろうか。一方葬式の場合、どうしても葬列を伴うためか、摘発された例がみえる。

明治九年七月十日には、「葬式《とふらひ》の時《とき》は、お太刀《たち》をきめこむ者《もの》と心得《こゝろえ》た芝中門前《しばなかもんぜん》三丁目の建具職《たてぐしよく》の芳太郎《よしたらう》」が、町内の衣屋という人物の葬式の施主に立って、巡査に拘引された（同上、七月十日）。記事はこうした「開《ひら》けない人達《ひとたち》にはこまります」と馬鹿にして結んでいる。ここでわざわざ「お太刀」と言っているのも、もちろん、本来の意味での「太刀」ではなく、脇差を小馬鹿にした表現である。町人の脇差没収の最末期の記事とみられるのが、「読売新聞」明治十四年九月二十四日の次の記事である。

頑固親父《ぐわんこおやぢ》の遺言《ゆゐごん》だとて、北豊島郡《きたとしまごほり》高田村《たかたむら》の新倉角太郎《にひくらかくたらう》ハ、牛込改代町《うしごめかいたいまち》の伝中寺《でんちうじ》へ葬送《さうそう》の供《とも》に、麻上下《あさかみしも》に脇差《わきざし》を佩《さし》て出《で》かけた処《ところ》を巡査《じゆんさ》に見認《みとめ》られ、脇差《わきざし》を取上《とりあげ》られ、ヲイ〳〵泣《ない》てゐた景状《ありさま》ハ、四十近《ちか》い男《をとこ》とハ如何《どう》しても受取憎《うけとりにく》く、気《き》の毒《どく》な者《もの》だと、施《せ》主中《しゆぢう》が笑《わら》ふもあれバ、泣《なく》のもあツたハ、一昨日《いツさくじつ》の事《こと》であツたと

廃刀令は、脇差を差すことまで「帯刀」にしてしまった。そのため廃刀令は、ここまで続いてきた、脇差を差す風俗・習慣までも滅ぼした。平民たちは、政府の「御布告」の前にどうすることもできず、ただ涙を流して悲しんだのである。ただし平民の場合、脇差を隠し財布や酒入れにもしていたように、慣例的に脇差を差していたから、強い抵抗は見られない。平民は、廃刀令によって、はじめて完全な丸腰にされたのである。

錆びるばかり

士族・平民とも、帯刀者の摘発記事は次第に減少したが、なかなか途絶えなかった。九年十二月二十七日、本町四丁目の村米吉なる人物は、「読売新聞」への投書で「取《と》ツても〳〵尽無《つきな》いものハ、帯刀《たいたう》と売淫《ぢごく》の姉《あね》ヱ」といっている。帯刀違反者を、当時多かった隠売女（俗にこれを地獄と呼んだ）とともに、摘発しても止まないものとして挙げたのである。ただし翌月末同紙が報じた警察月報によると、同月の帯刀摘発者は二名、隠売女は四六名であったから、数としては断然後者が多かった。同人は「帯刀《たいたう》ハ厳《きび》しいお廃止《はいし》が出《で》ながら、古道具屋《ふるだうぐや》にれい〳〵（麗々）と売物《うりもの》に出《で》て居《ゐ》ますが、御法度《ごはツと》の品《しな》ならバ売《うる》のも禁制《きんせい》で有《あり》そうなもの」といい、刀剣の所持自体を禁止すべしと述べている。

廃刀令の発せられた翌日の「東京日日新聞」明治九年三月二十九日の社説も、廃刀令をさらに進めて、製造や売買にも規制を加えるべきと説いていた。また「大坂日報」も四月七日の社説で「刀剣売買ノ徒ヲ厳禁」することを希望すると述べていたが、結局、刀剣の製造・売買はもちろん、その所持自体についても、遂に禁止されることはなかった。

しかし帯刀が出来なくなったため、需要の失せた刀剣は、どんどん売り払われた。それは当然、刀剣価格の大幅な下落をもたらした。刀・脇差は「売《うろ》うと云へば二束三文なり、仕舞《しまツ》て置けバ錆《さび》るばかり」（「東京日々新聞」明治九年四月十二日）とまでいわれたのである。

廃刀令直後から、「読売新聞」には刀剣商の町田平吉が刀剣買取の広告を折々出している（図35）。なかには外国へ売るために刀剣を集めていた商人もいたという。右の町田も、実はイタリアへ売っているという噂があった。栄光からどん底へと落ちぶれていった刀・脇差に、人々はあまり同情を寄せていない。新聞の投書には、安く売られていく刀・脇差に対し、「世の中の事ハ皆《みん》な斯《こん》なもの、余り威張ると、仕舞には馬鹿な目に逢ひ升《ます》」（「東京日日新聞」明治九年四月十二日）とか、「質屋《しちや》に迄《まで》も軽蔑《みさげ》らるゝ」ことになったのも「唯人《たゞひと》を殺《ころ》すが趣意《しゆい》だから、今《いま》その罪《つみ》が報《むく》ツて来《き》」たとか、「所々《しよく》の戦争《せんそう》で人《ひと》を殺《ころ》せし科《とが》」だとか（「読売新聞」明治九年六月一日）、因果応報・自業自得だという意見が多く見える。

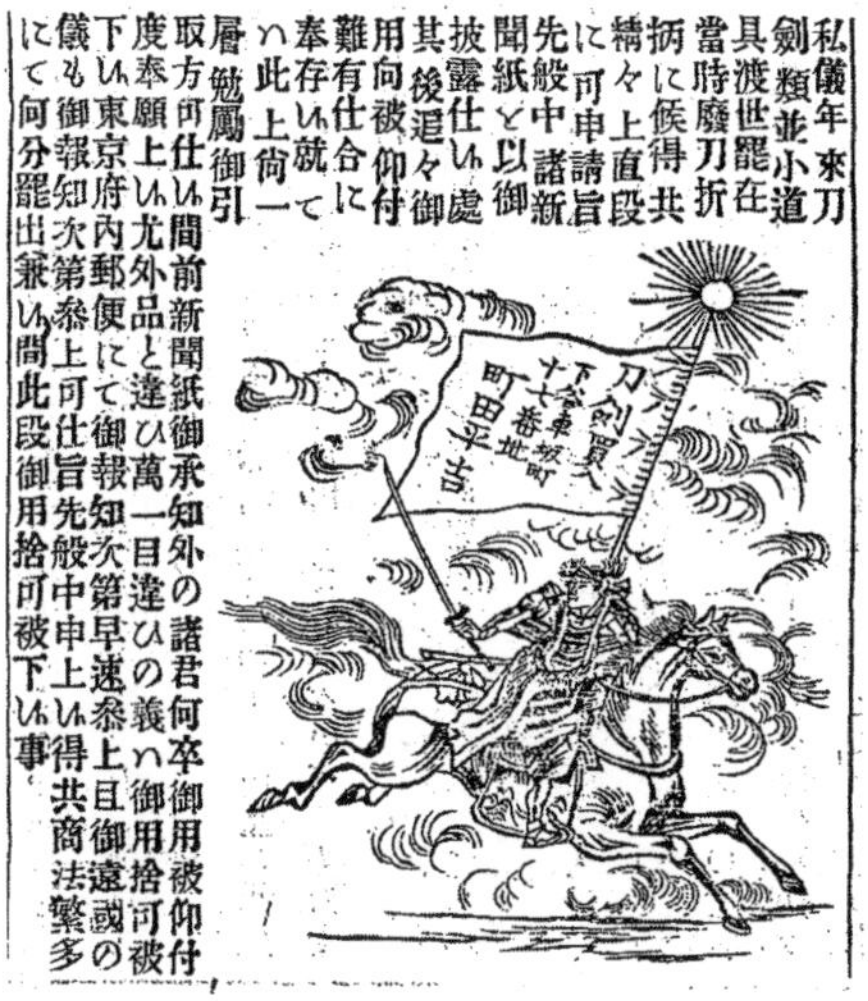

私儀年来刀剣類並小道具渡世罷在
當時廢刀折柄に候得共
精々上直段に可申請旨
先般中諸新聞紙と以御
披露仕候處
其後追々御用向被仰付
難有仕合に奉存候就て
ハ此上尚一層勉勵御引
取方可仕候間前新聞紙御承知外の諸君何卒御用被仰付
度奉願上候尤外品と違ひ萬一目違ひの義ハ御用捨可被
下候東京府内郵便にて御報知次第早速参上且御遠國の
儀も御報知次第参上可仕旨先般中申上候得共商法繁多
にて何分罷出兼候間此段御用捨可被下候事

図35　刀剣買取の新聞広告　「読売新聞」明治9年（1877）5月30日朝刊より

楠公の祭礼

神職の帯刀はどうなったか。明治九年四月に栃木県、同六月には高知県が、政府に次のような伺いを出している。「廃刀令では、軍人・警官・官吏などは、大礼服などの礼装で、帯刀することになっている。では神官も、礼服である「祭《さい》服《ふく》」を着用する場合、帯刀してもよいのか」。政府はこれに対し、「帯刀してはならない」と回答している。神職の帯刀は、廃刀令によって明確に禁じられたのである。

そのほか、戦国以来の名残ともいえる、神事祭礼時の帯刀はどうなったろうか。

明治九年七月十三日、楠木正成を祀る摂州湊川神社の例祭が、いつものように行われた。その神輿行列には槍持ち五、六人が古式に則り、「昔し風の武者の装扮《いでたち》にて、最《い》と古《ふる》びたる木刀《ぼくとう》を二本きめこみ、サモいかめしき有り様にて静〱と渡り行く」姿があった。これを見守る人々は、「アレ五覧《(ごらん)》、この厳しい御布告でも、楠公さまの御威光《ゐくわう》ハ今に赫《かく》々たるものだ」、「ナアに、丸腰《まるごし》で甲冑を着たのハ堂《(どう)》も見悪《(みわる)》いからだらう」などと噂し合っていると、「忽《たち》まち巡査さんが遣て来て、拘引のうへ例の如くお取り上げ」となってしまった（「東京日日新聞」七月二十一日）。新聞記事は「イヤ例だ式だと云ふのも、布告に背く事ハ出来ませぬ」と結んでいる。しかしこんなことでは、せっかくの祭りも台無しである。

仮装の帯刀

明治九年六月、社寺を管轄する教部省は、「祭事之節帯刀之儀」について、「諸神社神輿供奉之節、甲冑又ハ大紋素袍《すおう》等ヲ着用シ、刀剣ヲ帯ヒ、楯鉾《たてほこ》ヲ携へ候向、往々有之《これあり》候、右等ハ古代ノ形様ヲ摸スル迄之装飾ニ付、従前之仕来ニ任セ不苦《くるしからざる》儀ニ候哉《や》」と伺い出ている。祭礼での「古代」を摸した仮装の場合は、これまで通りでいいじゃないか、という意見である。

この意見は認められ、七月二十日、教部省は神宮と官・国幣社の神官に対し、「諸神社神輿渡御《とぎょ》之節供奉《ぐぶ》之者共、従前甲冑又ハ大紋素襖等着用ニテ帯刀致シ来《きたり》候向ハ、供奉中ニ限リ一社ノ古例ニ任セ、帯刀不苦候、尤モ其都度《そのつど》、其筋へ届出候儀ト可心得《こころうべし》、此旨《このむね》相達候事」と通達し、府県へも通知された。神宮と官・国幣社の祭礼に限り、神輿に供奉する者は届出れば帯刀してもよいとした。明治十一年三月四日には、府県社以下の祭礼も同様に許可された（なおこの時期の神社には、神宮（伊勢）を別として、官幣・国幣以下の社格があった）。

ただし、「専ラ古代之装飾ニ摸倣シ神輿ニ供奉致来候旧例有之向ハ、其人員ノミ、供奉中ニ限リ帯刀不苦」とされたのであり、いわゆる神事帯刀の解禁ではない。ここでいう「帯刀」は、江戸時代の帯刀、つまり大小二本のことを意味していないことにも注意したい。「甲冑又ハ大紋素襖等」の、「古代」を「摸倣」した、いわば仮装行列で、太刀や腰刀なども含む、刀剣を帯びることの許可であり、当時現行の礼服であった麻上下や羽織袴姿で帯刀することは、やはり微妙な扱いになったようである。

明治九年九月十四・十五日、官幣大社である男山八幡宮の祭礼では、「辻《つじ》伝《でん》次郎《じらう》といふ男《おとこ(が)》か其行列《そのぎやうれつ》の先《さき》へ御前神人《おさきしんじん》と唱《とな》へて、麻上下《あさかみしも》を着《つけ》て大小《たいせう》をさし」て進んだ。すると巡査から「帯刀《たいたう》を致《いた》すとハ不届《ふとゞき》だ」と、たちまち屯所に連行されてしまったのである（「読売新聞」九月二十七日）。記事は「祭《まつ》りの時《とき》などに古風《こふう》を存《そん》して帯刀《たいたう》することについてハ、先《せん》日《じつ》お達《たツ》しも有《あツ》たがどうした訳《わけ》か」と結んでいるけれども、それは上述のような理由によるものかもしれない。

しかしこののちには、祭礼行列での麻上下帯刀も許可されている。明治十年六月四日の「読売新聞」は、五月二十八日、名古屋城内にあった東照宮を明倫堂《めいりんどう》跡へ遷宮するにあたり、その神輿に供奉する者の帯刀が許されたことを報じている。しかしその記事は、「旧《きう》弊士族《へいしぞく》ハ大《たい》そう悦《よろこ》び、麻上下《あさかみしも》に帯刀《たいたう》で田楽《でんがく》の行列《ぎやうれつ》をした」など、喜ぶ士族たちを「旧弊士族」と馬鹿にしている。廃刀令からまだ一年数か月後のことだったが、久々の公の場での帯刀に、士族たちは嬉しがった。かつて当たり前だった「帯刀」が、早くも懐かしい

「昔」へと変わり始めていた。明治十年を過ぎると、新聞記事でも、都市部での帯刀摘発を報じた記事が、ほとんど見られなくなる。帯刀は次第に、消えていこうとしていた。

思い出に変わる時

明治十三年六月八日の夜半、本所元町の往来を、腰に長い刀を横たえた男が、大手を振って歩いていた。巡査はこれを発見すると、「兼《かね》て御禁制《ごきんせい》の刀《かたな》を差《さ》して歩《ある》くとハ、如何《いか》な心得《こゝろえ》だ」と咎めた。帯刀していたこの男は、浅草田島町に住む磯柳蔵《いそりゅうぞう》という士族であった。閉口した様子の磯は、次のように答えた

（「読売新聞」明治十三年六月十日）。

> 実《じつ》ハ昨年《さくねん》ぢうより、此刀《このかたな》を元《もと》町の質屋角松方《しちやかどまつかた》へ質《しち》に入《い》れて置《お》いた処《ところ》、近《ちか》ごろ刀剣《たうけん》の値《ね》が出《で》たと聞《き》いたゆゑ、売《う》り払《はら》ふ積《つも》りで請出《うけだ》して帰《かへ》る途《と》ちう、不図《ふと》昔《むかし》の事《こと》を思《おも》ひ出《だ》して、刀《かたな》を差《さ》して見《み》たく成《な》り、密《そツ》と差《さ》しました

磯は以前から刀を質入れし、幾許《いくばく》かの金に代えていたらしい。しかし最近、刀の値段がようやく回復してきたため、これを売り払おうと、質屋から受け出した、その帰途であった。彼はその刀を手にして、ふと、昔を思い出し、腰に差したのだという。巡査は、磯に対し、以後はやめるよう注意しただけで、これを許したという。なお「東京日日新聞」も同事件を報じているが、名前を「磯田柳蔵」とし、曖昧な返答のために拘引されたとする。

そして「夜《よ》る夜中《よなか》、刀《かたな》を持《も》てどこへ往く気か」と、冷淡なコメントで結んでいる。

廃刀令から、四年の歳月が過ぎ去っていた。江戸時代、「帯刀」へ向けられた、あの憧れのまなざしは、もう、どこにもない。帯刀すること自体が、今や犯罪となった。胸を張って、腰に刀を差した時代は、「昔」の思い出の中へ、消え去ろうとしていた。

久々に刀を手にした磯の胸に、どんな「昔」が去来したのか。彼にとって、刀を差した日々は、どんな「思ひ出」だったのか。今やそれすら、知る由もない「昔」のことである。

長い「帯刀」の物語は、ここで幕を下ろしたい。磯柳蔵の丸腰の背中が、夜の闇へと消えていくのを、静かに、見送りながら——。

刀を差せない日——エピローグ

帯刀の記憶

刀は武器である。故に帯刀は本来、武装であった。それが十七世紀にファッションと化し、やがて刀のファッション化を嫌った幕府が、それを本来必要な武士だけに帯びさせたことで、帯刀の価値が上昇し、次第に身分標識としての役割が醸成された。帯刀は、武装としてではなく、身分標識としての効果・価値から利用され、定着した風俗であった。

帯刀とは、身分標識として、誰でも差せる脇差に加え、刀を差すことである。それが武装であった頃は、「帯刀」という言葉すらなかった。身分標識となったことで、刀・脇差という大小二本の組み合わせが「帯刀」とよばれる、特別なものになったのである。この身分標識としての帯刀は、人々を魅了した。一般庶民とは違う、治者やそれに準ずる身分だと、外見で表示できたからである。この帯刀の価値と効果に、人々は群がった。金持ちの町人、百姓、そして関係のなかった宗教者たちも、自らの帯刀を身分標識へと同化させていった。彼等は、刀を本来の用途、つまり武器としてはみていない。帯刀は武装としてではなく、身分標識としての価値と効果故に、広がったのであった。

身分標識としての価値が定着したことで、刀本来の用途、決して変わらないはずの、人を殺傷する武器としての用途は、その影に覆い隠されていった。ここに帯刀への興味と、刀身や鍔《つば》など拵《こしらえ》、外装を含めた刀剣そのものへの興味は、全く別のものとして乖離した。刀の本質は、確かに人を殺傷する「凶器」である。帯刀はその携行である。けれども帯刀は、身分標識という正当な役割を負ったことで、世間に堂々と存在し得たのであった。

しかし幕末期、自身や自身の所属する集団の主張を容れさせるためなら、殺人をも厭わぬ者たちが、刀を抜き、本来の用途で使いはじめた。治安を守る側もまた、「打捨」「切捨」の許可によってこれに対抗した。それは人々に、刀が凶器である事実を、目の当たりに、思い出させた。

この血なまぐさい政治闘争の末に成立した明治新政府も、当初は身分標識としての帯刀の価値と効果を引き続き重視し、官員と華・士族の身分標識へと整理した。江戸時代の多様な帯刀人たちは、この時に消されていった。しかるにその整理がようやく完了する頃から、官員たちは洋服を着用し、帯刀を厭い、みずから脱刀しはじめた。帯刀から身分標識という役割が俄かになくなり、刀の本質だけが残された。すると刀は「凶器」であり、帯刀は凶器の携行だという非難が向けられた。「なぜ刀を差すのか?」その問いに対する、正当な理由がなくなった。それでも帯刀を続ける士族たち。それは「文明開化」という、新時代の趨勢を理解できず、古い「習慣」を捨てることのできない、時代遅れで、因循姑息の「旧弊」な人間と軽蔑された。かつて畏敬と憧れのまなざしをむけられた帯刀は、嘲笑される「旧弊」な人間のシンボルにまで貶められていった。

やがて廃刀機運の高まりとともに、廃刀が実行された。幕末に刀が凶器として振るわれた事実を知る平民たちは、「凶器」の退場を喜んだ。しかし帯刀の意味が変わっていたために、廃刀令は、本来の「帯刀」とは関係のなかった、脇差を差す文化までも巻き込んだ。帯刀が凶器の携行とみなされるようになったとき、脇差も凶器である「刀」とみなされたのである。故に脇差を帯びることまでも「帯刀」と呼ばれるようになった。この新しい意味での「帯刀」が禁止されたことで、人々は丸腰の「国民」へと変えられていった。これが「文明開化」に浮かされた時代に起こった、「刀の明治維新」の結末であった。刀を差せない、差さない。それが、日常になった。

そして刀だけが残る

廃刀令によって没収された刀の総数やその後は、正確にはしれない。しかし明治十六年十月二日の「読売新聞」は、「先年帯刀禁制《せんねんたいとうきんせい》の布告《ふこく》御発布《ごはッぷ》以《い》来《らい》、制禁《せいきん》を犯《おか》して帯刀《たいとう》せし者《もの》より取上《とりあ》げられし刀《かたな》七十本余、昨日其筋《きのふそのすぢ》にて入札払《にふさつはら》ひに成《な》りました」と報じている。同日の「東京日日新聞」も同様の記事を報じ、そちらでは「大小刀取交《とりま》ぜ七十余口」といっている。七十余口は、刀・脇差の両者の総数らしい。もちろん、これは東京府下での数ということであろう。その元持ち主が、士族ばかりでなかったことは、すでに見たとおりである。

その後、日本刀そのものについては復権もみられた。警察官の佩刀や、軍人の軍刀などとして、再び使用されたからである。しかしそれは、もう江戸時代のような、日常的な身分標識としての「帯刀」の復活では、もちろんなかった。江戸時代の「帯刀」は、明治初年の整理によって消え、その残影を負った士族たちの帯刀も、明治九年の廃刀令で消えた。腰に刀・脇差を帯びる、江戸時代の「帯刀」は、かくして完全に消え去ったのである。

あとがき

「刀」（刀剣・日本刀）に関する書籍は、実に数が多い。しかし「刀」そのものではなく、江戸時代の「帯刀《たいとう》」を主題としたものは、おそらく、本書が最初のものである。

筆者はこれまで、近世身分格式への関心から、「帯刀」についての研究論文を発表してきた。本書は、先行研究や拙稿をもとに、「帯刀」の始まりから終わりまでの変遷の歴史を、おおよそ時系列に沿って、書き下ろしたものである。

「帯刀」は武士の特権だった、武力の独占だった――。かつてはそんな、〝常識〟があった。しかし現在の歴史学においては、そんな単純な理解で済まされなくなっている。

では江戸時代の「帯刀」とは、一体、どんなものであったのか。本書はそれを、一般書としてまとめることを試みた。「庶民が脇差を差すのは「帯刀」じゃないのか」とか、「苗字帯刀御免と、武士になることは違うのか」などといった、一般によく見受けられる、素朴な疑問に対しても、回答となる内容にしたつもりである。

本書の特徴は、「帯刀」の話であるのに、武士があまり登場しない、という点にある。それは従来の常識からすると、意外なものかもしれない。しかし江戸時代に「帯刀」したのは、武士だけではなかった。むしろ「帯刀」の意味は、武士以外の「帯刀」をみることによって、初めて理解できるものなのである。「帯刀」は、近世の社会秩序を構成している、重要な身分標識であった。故にそれへの着目は、一つの風俗の分析にとどまらない。近世社会とは何か、という、大きな課題にも、迫りうるものなのである。

本書で明らかにしたように、人々は刀・脇差に、様々なまなざしを向けて、それを腰に帯びてきた。しかし廃刀令後、日常的に腰に帯びることは、なくなった。今や刀・脇差は、美術品として、主に鑑賞の対象となっている。その関心のもとでは、やはり名刀といわれるものに、人の目は惹きつけられがちである。しかし本書で扱った「帯刀」に使用されたのは、数少ない名刀ではない。今日なお、たくさん残っている、ごく普通の刀・脇差である。

それは本書で述べた「帯刀」の変遷のなかで、数多くの人々の、手と腰とを経てきたはずである。想像を逞《たくま》しくすれば、そんな平凡な刀・脇差にこそ、多くの人々の、様々なドラマが詰まっていよう。それを身に着けて喜んだ町人の笑み、それで人を斬った血走った目、それを没収された士族の涙――。そんな、人と刀の栄枯盛衰を、経験し、見つめてきたものもあろう。もちろん刀は、それを語ってはくれないけれども……。

本書の刊行される平成三十年（二〇一八）は、明治維新一五〇年の節目の年にあたる。この節目の年に、「明治維新」によって消えていった「帯刀」が、どんなものだったか。本書の内容を踏まえて、多少なりとも、思いをはせていただければ幸甚である。

なお、本書は、吉川弘文館編集部の若山嘉秀氏から、執筆依頼を頂いたことが契機となっている。同氏には、編集・校正に至るまでお世話になった。「帯刀」の変遷史が、こうした形でまとめられて、世に出ることになったのは、偏に氏の御蔭である。記して謝意を表したい。

平成三十年五月

尾脇秀和

参考文献

〔著書・論文〕

青山忠正『日本近世の歴史6　明治維新』（吉川弘文館、二〇一二年）
朝尾直弘『朝尾直弘著作集　第七巻　身分制社会論』（岩波書店、二〇〇四年）
石井良助「古法制雑考（一三）」（『国家学会雑誌』五六—一〇、一九四二年）
梅田千尋『近世陰陽道組織の研究』（吉川弘文館、二〇〇九年）
大賀郁夫「近世期宮崎郡における取り立てと「身上り」」（『宮崎公立大学人文学部紀要』二四巻一号、二〇一七年）
刑部芳則『明治国家の服制と華族』（吉川弘文館、二〇一二年）
刑部芳則『洋服・散髪・脱刀—服制の明治維新—』（講談社、二〇一〇年）
河原由紀子「江戸時代の服装制度に関する研究—刀剣規制を中心に—」（『金城学院大学論集　家政学編』二七、一九八七年）
熊谷光子「帯刀人と畿内町奉行所支配」（塚田孝・吉田伸之・脇田修編『身分的周縁』、部落問題研究所出版部、一九九四年）
近藤好和『弓矢と刀剣—中世合戦の実像—』（吉川弘文館、一九九七年）
近藤好和『騎兵と歩兵の中世史』（吉川弘文館、二〇〇五年）

近藤好和『武具の日本史』（平凡社、二〇一〇年）
鈴木敬三『有識故実図典―服装と故実―』（吉川弘文館、一九九五年）
谷口眞子『近世社会と法規範―名誉・身分・実力行使―』（吉川弘文館、二〇〇五年）
二木謙一『時代劇と風俗考証』（吉川弘文館、二〇〇五年）
平井上総『兵農分離はあったのか』（平凡社、二〇一七年）
深谷克己『江戸時代の身分願望―身上りと上下無し―』（吉川弘文館、二〇〇六年）
福永酔剣『日本刀大百科事典』（雄山閣出版、一九九三年）
藤木久志『豊臣平和令と戦国社会』（東京大学出版会、一九八五年）
藤木久志『刀狩り―武器を封印した民衆―』（岩波書店、二〇〇五年）
増田美子『日本衣服史』（吉川弘文館、二〇一〇年）
松尾正人『維新政権』（吉川弘文館、一九九五年）
山岸裕美子『中世武家服飾変遷史』（吉川弘文館、二〇一八年）
横山百合子『明治維新と近世身分制の解体』（山川出版社、二〇〇五年）
吉岡孝「近世後期関東における長脇差禁令と文政改革」（『史潮』四三号、一九九八年）
吉田ゆり子『兵農分離と地域社会』（校倉書房、二〇〇〇年）
吉原健一郎『江戸の町役人』（吉川弘文館、二〇〇七年〈一九八〇年版の復刊〉）

〔本書で利用した筆者の論文〕

尾脇秀和「近世「壱人両名」考―身分・職分の分離と二重身分―」(『歴史評論』七三二号、二〇一一年)
同「幕末期京糸割符の動向とその終焉―「糸割符」の身分格式と特権―」(『日本史研究』五九九号、二〇一二年)
同「近世の帯刀と身分・職分―「非常帯刀」の設定と逸脱―」(『日本歴史』七九八号、二〇一四年)
同「近世帯刀風俗の展開―氾がる身分標識とその実態―」『風俗史学』六一号、二〇一五年)
同「「郷士帯刀」と「郷士株」―山城国壬生村郷士と郷士前川家の創出―」(『地方史研究』三七八号、二〇一五年)
同「明治初年における「平民帯刀」処分―近世帯刀の終焉―」(『日本歴史』八二六号、二〇一七年)
同「近世身分の移動・二重化と「人別」の取り扱い」(『日本歴史』八三九号、二〇一八年)

〔主な史料〕本文で書名を挙げたもの、及び右の論文に典拠として掲げたもの等は、原則省略した。

法制史学会編・石井良助校訂『徳川禁令考』(創文社、一九五九～一九六一年)
高柳眞三・石井良助編『御触書寛保集成』(岩波書店、一九三四年)
高柳眞三・石井良助編『御触書宝暦集成』(岩波書店、一九三五年)
高柳眞三・石井良助編『御触書天明集成』(岩波書店、一九三六年)
高柳眞三・石井良助編『御触書天保集成(上・下)』(岩波書店、一九三七～一九四一年)
石井良助・服藤弘司編『幕末御触書集成』(岩波書店、一九九二～一九九七年)

石井良助・服藤弘司編『三奉行問答　問答集1』（創文社、一九九七年）
石井良助・服藤弘司編『時宜指令・三奉行伺附札　問答集2』（創文社、一九九八年）
石井良助・服藤弘司・本間修平編『諸心得留・諸心得問合挨拶留・諸向聞合書・諸向問合御附札濟之寫　問答集8』（創文社、二〇〇六年）
石井良助・服藤弘司・本間修平編『大目附問答・町奉行所問合挨拶留・公邊御問合　問答集9』（創文社、二〇一〇年）
石井良助編『御仕置例類集』（名著出版、一九七一～一九七四年）
石井良助編『御当家令条・律令要略（近世法制史料叢書2）』（創文社、一九五九年）
平松義郎監修・京都大学日本法制史研究会編『近世法制史料集　第三巻』（創文社、一九七七年。「以上幷武家御扶持人例書」を所収）
藩法研究会編『藩法集（一～一二）』（創文社、一九六一～一九七五年）
近世史料研究会編『正宝事録』（日本学術振興会、一九六四～一九六六年）
水利科学研究所監修『公裁録』（地人書館、一九六三年）
吉野作造編『明治文化全集　第四巻　憲政篇』（日本評論社、一九二八年）
『新訂寛政重修諸家譜』（続群書類従完成会、一九六四～二〇一二年）
河野純徳訳『聖フランシスコ・ザビエル全書簡　3』（平凡社、一九九四年）

著者紹介

一九八三年、京都府に生まれる
二〇一三年、佛教大学大学院文学研究科博士後期課程修了、博士(文学)
現在、神戸大学経済経営研究所研究員

主要著書・論文
『近世京都近郊の村と百姓』(思文閣出版、二〇一四年)
「近世「壱人両名」考—身分・職分の分離と二重身分—」(『歴史評論』七三二号、二〇一一年)
「近世地下官人「賛者」の実態と「町家兼帯」」(『古文書研究』八二号、二〇一六年)
「京都扇屋仲間と紙漉兄頭部—扇地紙をめぐる「由緒」と〝渡世相互〟—」(『日本史研究』六六九号、二〇一八年)

歴史文化ライブラリー
472

刀の明治維新
「帯刀」は武士の特権か?

二〇一八年(平成三十)八月一日 第一刷発行

著者 尾《お》脇《わき》秀《ひで》和《かず》
発行者 吉川道郎
発行所 株式会社 吉川弘文館
東京都文京区本郷七丁目二番八号
郵便番号一一三—〇〇三三
電話〇三—三八一三—九一五一〈代表〉
振替口座〇〇一〇〇—五—二四四
http://www.yoshikawa-k.co.jp/

印刷=株式会社 平文社
製本=ナショナル製本協同組合
装幀=清水良洋・柴崎精治

ISBN978-4-642-05872-8

歴史文化ライブラリー

1996.10

刊行のことば

現今の日本および国際社会は、さまざまな面で大変動の時代を迎えておりますが、近づきつつある二十一世紀は人類史の到達点として、物質的な繁栄のみならず文化や自然・社会環境を謳歌できる平和な社会でなければなりません。しかしながら高度成長・技術革新にともなう急激な変貌は「自己本位な刹那主義」の風潮を生みだし、先人が築いてきた歴史や文化に学ぶ余裕もなく、いまだ明るい人類の将来が展望できていないようにも見えます。このような状況を踏まえ、よりよい二十一世紀社会を築くために、人類誕生から現在に至る「人類の遺産・教訓」としてのあらゆる分野の歴史と文化を「歴史文化ライブラリー」として刊行することといたしました。

小社は、安政四年（一八五七）の創業以来、一貫して歴史学を中心とした専門出版社として書籍を刊行しつづけてまいりました。その経験を生かし、学問成果にもとづいた本叢書を刊行し社会的要請に応えて行きたいと考えております。

現代は、マスメディアが発達した高度情報化社会といわれますが、私どもはあくまでも活字を主体とした出版こそ、ものの本質を考える基礎と信じ、本叢書をとおして社会に訴えてまいりたいと思います。これから生まれでる一冊一冊が、それぞれの読者を知的冒険の旅へと誘い、希望に満ちた人類の未来を構築する糧となれば幸いです。

吉川弘文館

歴史文化ライブラリー

近・現代史

歴史文化ライブラリー

日中戦争と汪兆銘《おうちょうめい》——小林英夫
自由主義は戦争を止められるのか 芦田均・清沢洌・石橋湛山——上田美和
モダン・ライフと戦争 スクリーンのなかの女性たち——宜野座菜央見
彫刻と戦争の近代——平瀬礼太
軍用機の誕生 日本軍の航空戦略と技術開発——水沢 光
首都防空網と〈空都〉多摩——鈴木芳行
帝都防衛 戦争・災害・テロ——土田宏成
陸軍登戸研究所と謀略戦 科学者たちの戦争——渡辺賢二
帝国日本の技術者たち——沢井 実
〈いのち〉をめぐる近代史 堕胎から人工妊娠中絶へ——岩田重則
強制された健康 日本ファシズム下の生命と身体——藤野 豊
戦争とハンセン病——藤野 豊
「自由の国」の報道統制 大戦下の日系ジャーナリズム——水野剛也
敵国人抑留 戦時下の外国民間人——小宮まゆみ
銃後の社会史 戦死者と遺族——一ノ瀬俊也
海外戦没者の戦後史 遺骨帰還と慰霊——浜井和史
学徒出陣 戦争と青春——蜷川壽惠
〈近代沖縄〉の知識人 島袋全発の軌跡——屋嘉比 収
沖縄戦 強制された「集団自決」——林 博史
陸軍中野学校と沖縄戦 知られざる少年兵「護郷隊」——川満 彰
沖縄からの本土爆撃 米軍出撃基地の誕生——林 博史

原爆ドーム 物産陳列館から広島平和記念碑へ——頴原澄子
戦後政治と自衛隊——佐道明広
米軍基地の歴史 世界ネットワークの形成と展開——林 博史
沖縄 占領下を生き抜く 軍用地・通貨・毒ガス——川平成雄
昭和天皇退位論のゆくえ——冨永 望
ふたつの憲法と日本人 戦前・戦後の憲法観——川口暁弘
団塊世代の同時代史——天沼 香
鯨を生きる 鯨人の個人史・鯨食の同時代史——赤嶺 淳
丸山真男の思想史学——板垣哲夫
文化財報道と新聞記者——中村俊介

文化史・誌

落書きに歴史をよむ——三上喜孝
霊場の思想——佐藤弘夫
跋扈《ばっこ》する怨霊 祟りと鎮魂の日本史——山田雄司
将門伝説の歴史——樋口州男
藤原鎌足、時空をかける 変身と再生の日本史——黒田 智
変貌する清盛 『平家物語』を書きかえる——樋口大祐
鎌倉 古寺を歩く 宗教都市の風景——松尾剛次
空海の文字とことば——岸田知子
鎌倉大仏の謎——塩澤寛樹
日本禅宗の伝説と歴史——中尾良信

歴史文化ライブラリー

水墨画にあそぶ 禅僧たちの風雅 ―― 高橋範子
観音浄土に船出した人びと 熊野と補陀落渡海 ―― 根井　浄
殺生と往生のあいだ 中世仏教と民衆生活 ―― 苅米一志
浦島太郎の日本史 ―― 三舟隆之
〈ものまね〉の歴史 仏教・笑い・芸能 ―― 石井公成
戒名のはなし ―― 藤井正雄
墓と葬送のゆくえ ―― 森　謙二
仏画の見かた 描かれた仏たち ―― 中野照男
運　慶 その人と芸術 ―― 副島弘道
ほとけを造った人びと 止利仏師から運慶・快慶まで ―― 根立研介
〈日本美術〉の発見 岡倉天心がめざしたもの ―― 吉田千鶴子
祇園祭 祝祭の京都 ―― 川嶋將生
洛中洛外図屛風 つくられた〈京都〉を読み解く ―― 小島道裕
時代劇と風俗考証 やさしい有職故実入門 ―― 二木謙一
化粧の日本史 美意識の移りかわり ―― 山村博美
乱舞の中世 白拍子・乱拍子・猿楽 ―― 沖本幸子
神社の本殿 建築にみる神の空間 ―― 三浦正幸
古建築修復に生きる 屋根職人の世界 ―― 原田多加司
古建築を復元する 過去と現在の架け橋 ―― 海野　聡
大工道具の文明史 日本・中国・ヨーロッパの建築技術 ―― 渡邉　晶
苗字と名前の歴史 ―― 坂田　聡
日本人の姓・苗字・名前 人名に刻まれた歴史 ―― 大藤　修
数え方の日本史 ―― 三保忠夫
大相撲行司の世界 ―― 根間弘海
日本料理の歴史 ―― 熊倉功夫
吉兆　湯木貞一 料理の道 ―― 末廣幸代
日本の味　醤油の歴史 ―― 林　玲子・天野雅敏編
中世の喫茶文化 儀礼の茶から「茶の湯」へ ―― 橋本素子
天皇の音楽史 古代・中世の帝王学 ―― 豊永聡美
流行歌の誕生 「カチューシャの唄」とその時代 ―― 永嶺重敏
話し言葉の日本史 ―― 野村剛史
「国語」という呪縛 国語から日本語へ、そして〇〇語へ ―― 川口　良・角田史幸
柳宗悦と民藝の現在 ―― 松井　健
遊牧という文化 移動の生活戦略 ―― 松井　健
マザーグースと日本人 ―― 鷲津名都江
金属が語る日本史 銭貨・日本刀・鉄炮 ―― 齋藤　努
書物に魅せられた英国人 フランク・ホーレーと日本文化 ―― 横山　學
災害復興の日本史 ―― 安田政彦

古代史

邪馬台国　魏使が歩いた道 ―― 丸山雍成
邪馬台国の滅亡 大和王権の征服戦争 ―― 若井敏明
日本語の誕生 古代の文字と表記 ―― 沖森卓也

歴史文化ライブラリー

歴史文化ライブラリー

古代の神社と祭り——三宅和朗
時間の古代史 霊鬼の夜、秩序の昼——三宅和朗

中世史

列島を翔ける平安武士 九州・京都・東国——野口 実
源氏と坂東武士——野口 実
熊谷直実 中世武士の生き方——高橋 修
頼朝と街道 鎌倉政権の東国支配——木村茂光
鎌倉源氏三代記 一門・重臣と源家将軍——永井 晋
鎌倉北条氏の興亡——奥富敬之
三浦一族の中世——高橋秀樹
都市鎌倉の中世史 吾妻鏡の舞台と主役たち——秋山哲雄
源 義経——元木泰雄
弓矢と刀剣 中世合戦の実像——近藤好和
騎兵と歩兵の中世史——近藤好和
その後の東国武士団 源平合戦以後——関 幸彦
乳母の力 歴史を支えた女たち——田端泰子
荒ぶるスサノヲ、七変化〈中世神話〉の世界——斎藤英喜
曽我物語の史実と虚構——坂井孝一
親 鸞——平松令三
親鸞と歎異抄——今井雅晴
畜生・餓鬼・地獄の中世仏教史 因果応報と悪道——生駒哲郎
神や仏に出会う時 中世びとの信仰と絆——大喜直彦
神風の武士像 蒙古合戦の真実——関 幸彦
鎌倉幕府の滅亡——細川重男
足利尊氏と直義 京の夢、鎌倉の夢——峰岸純夫
高 師直 室町新秩序の創造者——亀田俊和
新田一族の中世「武家の棟梁」への道——田中大喜
地獄を二度も見た天皇 光厳院——飯倉晴武
東国の南北朝動乱 北畠親房と国人——伊藤喜良
南朝の真実 忠臣という幻想——亀田俊和
中世の巨大地震——矢田俊文
大飢饉、室町社会を襲う!——清水克行
贈答と宴会の中世——盛本昌広
中世の借金事情——井原今朝男
庭園の中世史 足利義政と東山山荘——飛田範夫
出雲の中世 地域と国家のはざま——佐伯徳哉
土一揆の時代——神田千里
山城国一揆と戦国社会——川岡 勉
中世武士の城——齋藤慎一
武田信玄——平山 優
歴史の旅 武田信玄を歩く——秋山 敬
戦国大名の兵粮事情——久保健一郎

歴史文化ライブラリー